# 伝え方は「順番」がすべて

## 分単位のコミュニケーションが心を動かす

小沼竜太

光文社新書

# はじめに

## 開発費10億超えの博打

日本でゲーム市場が生まれてから、45年が経過した。

ゲーム市場は、極めて特殊な性質を持つ。その一つに、過去45年間にわたって、右肩上がりの成長を続けてきたことが挙げられる。市場の中で、覇権カテゴリが変動したことは何度かあるが、実は、市場全体のシュリンクを経験したことがほぼないのだ（この構造の秘密に関しては後述する）。結果として45年にわたり、ゲームユーザーと呼ばれる顧客層を拡大し続けてきた。

一方、現在のゲーム市場は開発規模が10億円に達する、あるいは超えることもざらで、負けられない博打の場でもある。また複数の事情から、「消費者に商品（モノ・サービス）を認知してもらい、興味を喚起し、購買を促進する行為」すなわちプロモーションの難易度が上昇している。現場の担当者の悲鳴は共通だ。

「今の時代、ゲームってどうやって売ったらいいんでしょう?」

## 「ペルソナ」「真・女神転生」「FGO」――筆者の自己紹介

負けられない博打。しかもどんどん難易度が上がり続けるプロモーション。

この世界に自分は17年属し、〝ゲームの宣伝屋〟として数多《あまた》のプロモーションに携わり、経験を積むことができた。

幸運なことに、多くの人の成功に立ち会うことができたし、新しい会社、スタジオ、チームの立ち上げのお手伝いもさせていただくことができた。日本人の多くが名前を知っているであろうタイトルに携わることもできた。

大成功だけでなく、大失敗、大惨事にも立ち会うことができた。顧客が会社ごと消滅したことも(何度か)ある。

自分のこれまでのキャリアを簡単にまとめると、次ページのようになる。

## 筆者略歴とこれまで関わったゲームタイトル

| | |
|---|---|
| 2003年４月 | リュウズオフィス（個人事業）創業 |
| 2006年７月 | 「ペルソナ３」発売 |
| 2007年１月 | 「世界樹の迷宮」発売 |
| 2008年６月 | 株式会社リュウズオフィス設立 |
| ７月 | 「ペルソナ４」発売 |
| 2009年３月 | 「セブンスドラゴン」発売 |
| 2010年１月 | 「戦場のヴァルキュリア２」発売 |
| ７月 | 「Fate/EXTRA」発売 |
| 10月 | イメージエポック「JRPG宣言」 |
| 2011年２月 | 「キャサリン」発売 |
| 2013年11月 | 「グルーヴコースター」稼働 |
| 2014年10月 | 「ファントム オブ キル」運営開始 |
| 2015年７月 | 「Fate/Grand Order」運営開始 |
| 2016年２月 | 「真・女神転生Ⅳ FINAL」発売 |
| ９月 | 「ペルソナ５」発売 |
| 2017年10月 | 「真・女神転生 ディープストレンジジャーニー」発売 |
| 2019年10月 | 「ペルソナ５ ザ・ロイヤル」発売 |
| 2020年６月 | 「INDIE Live Expo 2020」主催 |

※いずれのゲームタイトルも、ユーザーコミュニケーションのプランニングを担当

ゲーム業界の技術の進歩は速い。技術が変わればゲームのハード、ソフトともに変化する。流行りも変わる。そういう世界で、ありがたいことにヒット作に関わる機会を多く得た。

そもそも日本でゲームが流行した初期、私の父親がゲームプロモーションの先駆け的な存在として、黎明期のファミコンソフトのヒット作、名作、迷作のプロモーションに携わっていた。自分は幼い頃からその姿を見ていたし、ゲームが好きだった。学生時代には父の手伝いを始め、紆余曲折を経て、会社を興し、同じ仕事に就いた。

おそらく、ここまで長きにわたり、

ゲーム業界に特化してプロモーションに携わってきたのは私（と父）くらいだろう。**親子二代、ゲームプロモーションの先駆け的な仕事を続けてきた。**

　ゲームのプロモーションに携わるマーケターとしての父は、優秀だったと思う。「ファイナルファンタジーⅠ」「ファミコンジャンプ」「ストリートファイターⅡ」など、数多くのゲーム作品のプロモーションに携わった人物だ。筆者自身、考え方の基盤を学ぶことができたのは父のおかげだ。また、ゲームのマーケティング、プロモーションの歴史を継承できたとも思っている。

　だが残念ながら父は、経営能力には乏しかった。景気が良さそうに見えたのは一瞬だけで、バブル景気が弾けた途端、借金だけが残った。筆者の初仕事は、父の会社の残務整理と、収支のバランスをなんとか取り戻すことだった。20歳の頃だ。

　だから、もともとなぜこの仕事を始めたかといえば、「生きるため」だった。

　具体的に言うと、師匠であった父がこしらえた借金の連帯保証人になっていたので、自分自身が生き残るために、脇目も振らずに稼ぐ必要があったのだ。

　詳細は後述するが、そこから様々な出会いを経て、いまだにゲーム業界に身を置いている。

## 重要なのは「順番」

ゲームのプロモーションを担当する人々の叫びに戻りたい。

「この時代、ゲームってどうやって売ったらいいんでしょう？」

いつの時代も、売る方法、売るノウハウ、手法についての情報は需要がある。

効果的な具体的な施策は何か？　何をやれば、何にお金を投じれば、売上は伸びるのか？

その問いに対しての（一応の）回答は常に存在する。しかし、**具体的な施策から考え始めた時点で、勝ちは遠ざかる。**

ここで重要なのは、**組み合わせではなく順番**、ということだ。

ユーザーと商品との対話に必要なのは、施策の組み合わせではない。「どんな施策をどのような組み合わせで行うか」は、重要ではない。

重要なのは「どの順番で施策を行うか」ということ。対話の順番が大事だ。

これはゲーム業界に限った話ではなく、情報が氾濫《はんらん》するこの時代に商品（モノ・サービス）を売ろうとする多くの人たちにもあてはまるだろう。

膨大な情報の中から自社の商品に気づいてもらい、対話を重ね心理的な距離を近づけ、愛着を持ってもらい購入してもらう。購入後は口コミで周囲に情報を拡散してもらう。

そういった一連の流れを生み出すには、消費者に対して「何を行うか」ではなく「どの順番で行うか」が大事だ。

たとえば恋人と何度もデートを重ね、最終的にプロポーズすると仮定してイメージしてもらえばよい。

2人が距離を縮めていくにあたり、利用する映画館や水族館、レストランやその後に行くバーの「組み合わせ」が最重要ではないだろう（もちろん、どこに行くか、は重要ではあるが、決定打ではないということ）。

大切なのは、ゴール（プロポーズ）に至るまでの提案の「順番」だ。相手との距離を常に測りながら、あらゆる文脈を読み、その都度最良と思われる具体的な施策を、順を追って提案していく。**順番を間違えると人の心は離れる。順番を徹底的に考える。**

たとえばそれが一日のデートのプランニングだったとしても、順番は大事だ。レストランに行く前にバーには行かないし、バーに行った後、映画館には普通は行かない。そういうことだ。

本書では、伝え方、すなわち、ユーザー・コミュニケーションを発想するにあたっての視点を、次の順に書いていく。

- 第1章「誰に」伝えるのか？……ターゲットの捉え方を整理した。
- 第2章「何を」伝えるのか？……伝えるべき情報を定義するための視点をまとめた。
- 第3章「どのように」伝えるのか？……本書のメイン部分。伝え方について。
- 第4章「in Minutes Operation」という、分単位の対話の設計について。
- 第5章「どこまで」届けられるのか？……海外向けの成功事例を紹介。

前半3章で解説する「伝え方」は、商品（モノ・サービス）を売りたいすべての人のヒントになると思う。

第4章では、第1〜3章のノウハウを筆者なりに突き詰めたユーザー・コミュニケーションの形を紹介している。「現在で唯一ほぼ確実な情報の伝え方」と言っていいだろう。筆者が身を置くゲーム業界をはじめとするコンテンツ産業は、情報の伝達スピードが速い。その中で勝ち残るために日々実践しているノウハウを明かしている。

第5章では、筆者の海外進出の経験などを踏まえた今後の可能性についてまとめた。結論だけ先に書くと、本書で紹介するノウハウをそのまま海外に持ち込んでも、成果は得られた。日本人が「面白い」と感じるものは、海外にも同様に伝わる。

なお本書で示す視点は、**マスメディアやデジタル広告に頼り切りのプロモーションとは一線を画する**と予め記しておきたい。

**性別・世代・トレンド・経済状況を超える「伝え方」**

ブランドは、消費者のマインドの中にある。

競合他社の商品ではなく「この会社のこの商品だから購入する」と指名される時、商品の価値は、実は商品にあるのではなく、消費者の心の中にある。価値を定義するのはメーカーではなく、消費者である。

消費者のマインドの中での立場を上げていくのがブランディングの本質であり、ユーザー・コミュニケーションの役割の一つである。

筆者はゲーム市場に特化したユーザー・コミュニケーションプランナーである。

しかし、ユーザーが熱狂するに足る要素がある商品なのであれば、本書の内容はゲーム以外の商品にもあてはまる考え方であると思っている。

まずは受け容れる人（受容者）をイメージする。発火点を作る。そして、爆発させる。

これがわかれば、世の中が不景気になっても、法律が変わっても、何も心配はいらない。

流行りのバズワードに振り回されず、性別・世代・トレンドを超え、コンテンツの魅力を、正しく伝えることができる。

そのためには、どうしたらよいのか？

次章では、まず「誰に伝えるのか」ということから考えていきたい。

# ゲーム業界に特化した　はじめに

**始まりはインベーダーゲーム**

では早速、ゲーム市場におけるユーザー・コミュニケーションについて述べていく……その前に。実に特殊で、エキサイティングな性質を持つゲーム市場の特性をご理解いただくために、第1章の前にゲーム市場誕生の歴史を簡単に記したい。

本項はゲーム業界にご興味のある方には、面白く読んでいただけるかもしれない。**特にそうでない方は、小見出しや太字部分だけ拾い読みしてもらうか、第1章に進んでいただいて問題はない。**

「スペースインベーダー」の爆発的なヒットで、ゲーム市場は産声をあげた。「スペースインベーダー」は純正品のみならず、タイトーに正式に許諾を受けた許諾品と呼ばれる他メーカーによる「スペースインベーダー」や、許諾なしの模倣品が大量に市場に出回り、それらはまとめて「インベーダーゲーム」と呼ばれた。

「インベーダーゲーム」は、純正品・許諾品が約20万台、許諾なしの模倣品が30万台出荷されたと言われている。アーケードゲーム（ゲームセンターなどに設置された業務用ゲーム機の総称）では名高い「ゼビウス」というタイトルが1万5000台程度の出荷台数であるというから、「インベーダーゲーム」が社会現象と呼べるレベルの大ヒットであったと理解していただけると思う。

やがて、インベーダーハウスと呼ばれる、「インベーダーゲーム」を遊ぶことを主目的とした施設が各地に乱立し、熱狂的なブームに拍車をかけていった。

「インベーダー」以前から、様々なビデオゲームを遊ぶためのゲームセンターは存在しており、ビデオゲームを開発・販売するメーカーも存在していた。1979年には、そういったメーカー、ビデオゲームを遊ばせるためのゲームセンター関連事業者からなる日本遊園協会から、「インベーダーゲームの過度の人気は青少年の健全な育成を阻害する」として、「インベーダーゲーム自粛宣言」が出されている。また、学校、PTA、教育委員会などがインベーダーハウスへの立ち入りを禁止する宣言を各地で出したと言えば、当時の熱狂ぶりが想像できるだろうか。

「スペースインベーダー」以前にも、コンピュータゲームは存在した。しかし、世の中に熱狂を生み出し、それが後のゲーム市場につながっていったという点で、**本書では「スペースインベーダー」をもってゲーム市場の始まりと定義したい。**「スペースインベーダー」の発売と、その熱狂はそのままアーケードゲーム市場の成立へとつながっていき、現在に至る市場の歴史を紡いでいく。

## ゲーム市場の特殊性１：新旧の技術が共存しうる

「スペースインベーダー」によって誕生したゲーム市場だが、極めて特殊な性質を持っている。

　1つ目は、過去45年間にわたって、右肩上がりの成長を続けていることだ。純粋な市場規模のみならず、消費者の数、すなわちゲームユーザーは増加し続けている。

　一方、日本の人口は、２０００年からは伸び悩み、２０１０年以降は減少に転じている。それにもかかわらず、ゲームユーザーは増加し続けているのだ。

**図表1-1　全世界におけるゲーム市場の規模の推移**

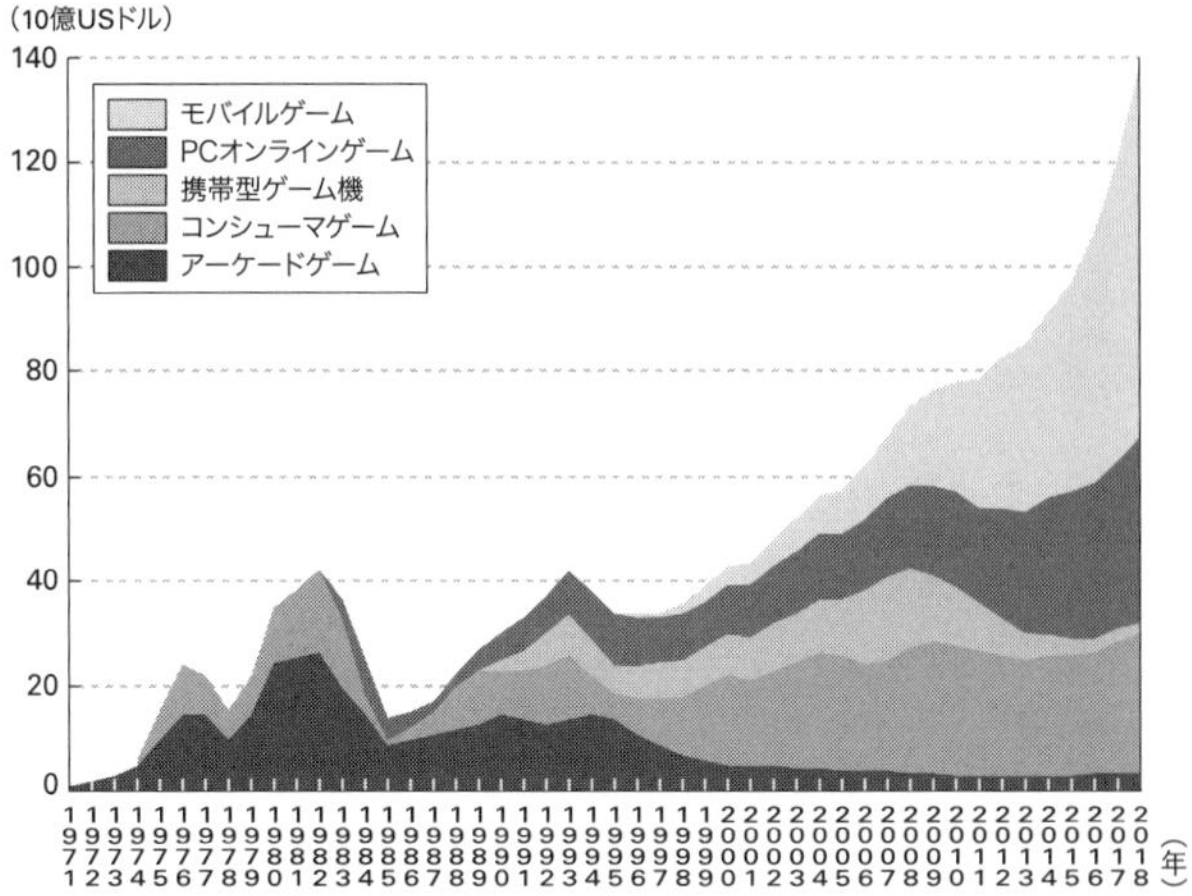


出典：Pelham Smithers 調べ

全世界のゲーム市場の規模の推移を見てみよう（図表１－１）。45年にわたって、ほぼ右肩上がりの推移を保っていることがわかる。１９８５年に市場規模がシュリンクしているのは、１９８３～85年にかけて起こった「アタリショック」の影響だ。「アタリショック」とは当時のコンシューマゲーム（家庭用ゲーム機の総称）市場の最大手であった米国・アタリ社の崩壊を含む、北米家庭用ゲーム市場の不況を指す。この影響で市場規模は一時的に縮小したが、すぐに任天堂のファミコンが台頭し、以降のゲーム市場は拡大し続けている。

　ではなぜ、右肩上がりの市場の成長が維持されたのか。

和田洋一氏（元スクウェア・エニックス代表取締役社長）の指摘にもあるが、ゲーム市場では「スペースインベーダー」以降、幾度も産業構造をまるごと変えるような技術革新が起こっているのに、旧世代の技術に属する製品が消滅しない状態が続いているのが、その理由だ。

　普通は技術革新が起こった際、前世代の製品は次世代の製品に置き換えられ、消滅する。ゲーム以外の商品、たとえば家電業界ならば、テレビにも複数の技術革新があった。ブラウン管のテレビはやがて液晶テレビに駆逐され、完全に消滅した。

　しかしゲーム市場は特殊で、**技術革新が起こったとしても、旧世代の技術に属する製品が新技術に覇権を譲り渡すことはあれど、消滅しないで残り続け**ることが多い。

　２０２０年現在、最新の技術に属するモバイルゲームが市場の中核を形成している。しかし、コンシューマゲームは依然としてその存在感を示し、ＰＣオンラインゲーム、アーケードゲームもまた、市場に残存している。

　ゲーム市場において最も早くに誕生したアーケードゲーム市場は、コンシューマゲーム市場が誕生しても駆逐はされず、モバイルゲームが市場を席巻した後も残存している。

結果として過去45年にわたって、新技術が普及しても、旧技術に属するカテゴリが市場に残存し、複数の地層を形成することによって、ゲーム市場全体としては右肩上がりの成長を続けてきた。

### ゲーム市場の特殊性２：代替品が存在しない

ゲーム市場の特殊性。その２つ目は、原則として代替品が存在しないことだ。

たとえば、ビール。ヱビスビールしか飲まない、という人も中にはいるかもしれないが、仮にヱビスビールがなくても、プレミアムモルツで満足する人は多いだろう。

たとえば乗用車。生活や用途に合わせたタイプを念頭に置いて、その中から複数のメーカーで比較検討をすることが多いと思う。その他の業界でも、近い価格帯、似た機能を備えた商品をならべ、消費者が比較検討可能な状態を作り出していることが多い。

しかし、ゲームはどうだろうか。「ドラゴンクエスト」の代わりは、「ドラゴンクエスト」しかない。「Fate」の代わりは、「Fate」しかない。

ゲームは、その価値が消費者の心の中にしかない、特殊な嗜好品である。

もともと、嗜好品というモノやサービスは、価格や機能だけではなく、消費者一人一人の心の中にある価値を、消費者自身が評価し、購買に至る性質を持つが、ゲームは特にこの傾向が顕著である。価格や機能、利便性を比較検討してゲームの購入を決めるユーザーは少ない。

## ゲーム市場の課題

そんなゲーム市場だが、現在、負けられない博打のような業界になってしまっている。業界が抱える課題は大きく4つ挙げられる。

### 課題１：競合タイトルの増加

スマホゲームの市場は依然として成長を続けているが、過去に運営を開始したタイトルがセールスランキングの上位を占める傾向が続いており、新規タイトルがセールスランキング上位に食い込むのが難しい状況にある。そのため、国内のスマホゲーム運営会社は、新作のリリースに対して、やや慎重な姿勢にシフトしつつある。

一方、海外資本のスマホゲームが数多く上陸しており、競合の数は増加傾向にある。産業全体の市場規模は拡大し続けているものの、競合タイトルも増殖し続けている状況である。

すなわち、この市場で勝つためには、大量に存在するタイトル群の中から、選んでもらわ

**図表1-2　ドラゴンクエストシリーズの容量の変遷**

| | 発売日 | 容量 | 備考 |
|---|---|---|---|
| ドラゴンクエストⅠ | 1986年5月27日 | 64KB | |
| ドラゴンクエストⅡ | 1987年1月26日 | 128KB | |
| ドラゴンクエストⅢ | 1988年2月10日 | 256KB | |
| ドラゴンクエストⅣ | 1990年2月11日 | 512KB | |
| ドラゴンクエストⅤ | 1992年9月27日 | 12MB | |
| ドラゴンクエストⅥ | 1995年12月9日 | 32MB | |
| ドラゴンクエストⅦ | 2000年8月26日 | 1,300MB | |
| ドラゴンクエストⅧ | 2004年11月27日 | 4,400MB | |
| ドラゴンクエストⅨ | 2009年7月11日 | 2,000MB | |
| ドラゴンクエストⅩ | 2012年8月2日 | 24GB ※Switch版 | 公式サイトより。オンラインゲームにつき、容量は日々変わる |
| ドラゴンクエストⅪ | 2017年7月29日 | 40GB ※PS4版 | ※PS4版で必要とされるストレージ空き容量より（公式サイト） |

出典：リュウズオフィス調べ

なければならない。

## 課題2：開発コストの増大

ゲーム開発の規模自体も拡大傾向にあり、コンシューマゲームにおいては、10億円以上の開発規模というのはざらだ。コンシューマゲーム市場の黎明期には、少人数の開発チームでスピーディーに開発、発売が行われていた。

図表1-2は、ドラゴンクエストシリーズのナンバリングタイトルの発売日と、その容量を示した表である。1作目から2

作目の発売日の間が、わずか8ヶ月であったことに注目されたい。2作目から3作目にかけては、約1年。4作目にかけては2年に延びている。8作目以降は、5年のスパンを要している。開発期間の長期化はコストの増大に直結する。

また、容量の変化にも注目したい。1作目の「ドラゴンクエスト」の容量は、わずか64KBである。スマートフォンの壁紙の画像よりも小さな容量である。「ドラゴンクエストⅡ」に至っても、128KB。まだスマホの壁紙の画像よりも小さいかもしれない。「ドラゴンクエストⅤ」に至って、ようやくiPhoneで撮影した写真一枚くらいの容量である。

一般的に、用意すべきデータ量が増えれば増えるほど、開発規模は拡大されていく。かつては、容量が限られていたため、その限られた容量の中で、いかにやりたいこと・やるべきことを実現させるか、という技術的な制約があった。

現代では、容量の制限は事実上ないに等しい。むしろ、容量にふさわしいコンテンツを作り出し、埋めなければならない、という強迫観念に支配されているとも言える（それが開発費の高騰を招く）。

開発の長期化の例を挙げよう。

同じくスクウェア・エニックスによる「ファイナルファンタジーＸＶ」は、２０１６年11月29日に発売された。本作は、２００６年5月に開催された「Electronic Entertainment Expo（以下、E3）２００６」において、「ファイナルファンタジーヴェルサスＸⅢ」として発表された。その後、２０１３年6月に行われた「E3 2013」において、「ファイナルファンタジーＸＶ」と改題され、対応機種の変更も合わせて発表された。発表されてから、発売に至るまでに10年以上を要していることから、開発期間は更に長いものであったと推察できる。

有名タイトルを例に挙げて説明したが、概ね、ほぼすべてのタイトルで開発期間は長期化傾向にあり、開発に必要なコストも増大傾向にある。

すなわち、１タイトルあたりの成功のハードルが上がってしまっているということだ。より多くの消費者を掴む必要性に迫られている。

### 課題３：ランニングコスト

アーケードゲーム、スマホゲームにおいては、継続したサービス提供が前提であり、運営をするためのランニングコストが少なからずかかってくる。月々の収支がトントンならまだいいが、もし月々の収支が赤字に転落すると、果てしなくキャッシュアウトし続けるというリスクを抱えた恐ろしいシロモノになっている。

いずれの業態であっても、目標となる顧客数を確保し、彼らが代金を支払ってくれないと、ペイすることは難しい。

初動で多くの消費者の心を掴むことは依然として重要だが、更に、長期間遊んでもらわなければならなくなったということだ。

## 課題4：情報爆発

海外からの競合タイトルの上陸、開発期間の延長傾向によるコストの増大、運営型ゲームのランニングコストなど、現在ゲーム市場が直面している課題について述べた。

しかし、我々の仕事の領域においては、また別の課題がある。情報爆発だ。

インターネット普及以降、メディアが無数に誕生することが可能になった。このあたりから情報爆発と言われるようになったが、SNSの誕生と成長により更に情報量は極大化した。

もはや、人類が処理可能なレベルに情報量が落ち着くことはあり得ない。

認知・知覚、あるいは情報処理の能力が飛躍的に高まればそれは不可能ではないかもしれないが、それができる人類とできない人類で大きなギャップが生まれるのではないだろうか。

そこまでいくとＳＦの世界なので一旦そのくらいにして……。

ありとあらゆる人々が、日々増大する情報に晒《さら》されている。

もはや、人類が処理できる情報量のＸ倍の情報が、日々流通しているのだ。

情報の流通量が極大化する現代において、**発信した情報が埋もれてしまうリスク、消費者に気づいてもらえないリスクが日に日に拡大している。**

ゲームに話を戻すと、国内のみならず、世界中で、大小合わせると数え切れないほどのゲームタイトルが発売、あるいはサービス開始されている。それらのゲームは一様に情報発信を行う。結果として、ゲーム以外の情報だけでも手一杯な消費者に対し、ゲームの情報もまた、あふれかえることになる。

つまり、

**①ゲームタイトル（選択肢）があふれている状態で、**

**②より多くの消費者の心を掴み**

③長い期間遊んでいただく
④情報爆発しているこの現代で

というのが、ゲーム市場と向き合う人間（筆者）に課せられたミッションである。

**結論：ユーザー・コミュニケーションは分単位で設計せよ**

消費者に情報を届け、最終的に対価をお支払いいただかないことには、あらゆるゲームはペイしない。消費者にゲームの情報を届けるために、消費者とゲームタイトルの対話を企《たくら》むのが、筆者の仕事である。

結論から言うと、現代の状況下において、ユーザー・コミュニケーションは分単位で設計を行う必要がある。毎分、すさまじい情報が生産され、消費されていく。そのような中では、分単位で消費者とコミュニケーションをし、彼らを楽しませることを考えないと埋もれてしまう。

代替品がないものを、負けられない勝負という前提で、瞬発力高く知らしめ、愛着を持ってもらい、（運営型のゲームであれば）末永く楽しんでもらう。

そのために書かれたのが、本書だ。

さて、前説明はここまでにして第1章へ進もう。

本書が少しでも、皆さんのビジネスの役に立てれば、望外の幸せである。

# 伝え方は「順番」がすべて――目次

## 第2章 「何を」伝えるのか？——商品を分析し理解する　65

## 第3章 「どのように」伝えるのか？——文脈を読み順番を組み立てる

## 第4章　現代で唯一ほぼ確実な情報の伝え方　——in Minutes Operation　143

## 第5章　「どこまで」届けられるのか？　――海外まで、行けます　163

## おわりに



図版・デマンド

第1章

# 「誰に」伝えるのか？

## ターゲットの再定義

## ターゲットという概念から一旦離れよう

ユーザー・コミュニケーションとは、商品（モノ・サービス）とユーザーの対話である。

では、いったい誰とコミュニケーションするのか。すなわち、コミュニケーションの相手は誰であるのか。このことを考えるにあたって、改めてターゲットという概念について触れてみたい。

プロモーションの対象となる層を策定する際に、「新規ユーザー」「既存ユーザー」という言葉を使うことがある。

ここでの「新規ユーザー」とは、まだ商品（や過去のシリーズ作品）を購入していない人、「既存ユーザー」とは商品を購入済、あるいは過去のシリーズ作品、あるいは当該ブランドの既存商品を購入したことがある人を示すことが多い。

また「年齢層」や「男性・女性」といった属性を表す言葉も、プロモーションの対象を表す時に用いられることが多い。皆さんも「新規ユーザー×年齢層×性別」でターゲットを設定したことはないだろうか？

断言するが、こうした考え方は消費者とコミュニケーションを組み立てる上で、すべて不適切である。

一旦、既存のターゲットという概念から離れていただきたい。

## 「新規・既存」「性別」「年齢」——どれもユーザーを捉えていない

「新規ユーザー」や「既存ユーザー」は販促的な考え方である。この考えに則ると、購入済のユーザーはプロモーションの対象としては効率が悪く（販売促進とは文字通り、販売の促進であるから当然そういう結論に至ることになる）、未購入のユーザーにアプローチすることこそ、正しいものとされる。

だがインターネットが普及した今、製品を購入している・していないでコミュニケーションの相手を区別することは無意味になった。

ダイレクト・マーケティング（ダイレクトメールなど）であれば、購入している・していないの区別は重要だろうが、ユーザーとの対話を考えるにあたっては、これらの区別は適切ではない。

「男性・女性」「年齢」といった属性によるターゲットという概念は、マス・マーケティングのロジックとして誕生したものだ。これらもインターネットの普及以後、コミュニケーションの相手を考える際の概念としては不十分なものとなった。

もはやインターネットを用い不特定多数の人々に向けて情報発信を行うことは、当たり前の行為になっており、インターネットが生活の中で偏在化している今、あらゆる情報発信は不特定多数の人々に届いてしまう（可能性がある）と言えるからだ。

ところで、「インターネットをする」という概念が、特に若年の消費者の間で希薄化しているようだ。

仕事柄、筆者は、日頃から複数のゲームメーカーにおいて、ユーザー調査の分析を担当している。２０１８年以降のゲームユーザーの調査データを読んでいて、おかしなことに気づいた。

「ゲームの情報を得るために利用しているメディア」が何であるかを問う調査項目で、**「インターネット」の数値が下落していたのだ。**もちろん、日本国民におけるインターネットの普及率が下落したわけではないし、スマートフォンの普及率は頭打ちであるとは言え、高いレベルに留まっているはずだ。見過ごせない下落率だった。

ここではたと気づいた。デジタルネイティブと呼ばれる世代は、物心ついた時から、生活のほとんどが「オンライン」である。かつて（デジタルネイティブではない世代においては）、インターネットは「わざわざつなぐもの」だった。「インターネットをしよう」と意識してつながるものだったのだ。

だが現代の日本人は、つながろうとしてつながるのではなく、常につながっている。**結果として、「インターネットをする」という意識そのものが希薄**なのではないか、と仮説を立てた。多くのサービスがオンライン化した結果、人々はわざわざ「インターネットをする」と認識して行動をしていないのではないかと、筆者は考えている。すでに、インターネットは、生活の中に完全に溶け込んでおり、誰しもが何らかの形でつながっていると考えるべきだろう。

これはコミュニケーションの相手が、今までにないほど広範囲に拡散しているということでもある。どのような情報であっても、伝わってほしくない相手にまで伝わるということがあり得る。だから、伝わるべきでない情報は、伝えてはならない。隠蔽しろという意味ではない。そもそも隠蔽などできる時代ではない。

伝えたい人を選んで情報を伝えることなどできない。既存の（購入歴や属性で絞り込む）ターゲットという概念で伝える相手を考える・選ぶということが、もはや不可能なのだ。年齢や性別などデモグラフィックな属性でのターゲティングや、新規ユーザー、既存ユーザーといった区分けでは、コミュニケーションする相手をイメージするのは難しいと、ご理解いただけたかと思う。

では、いったい、誰に対してコミュニケーションをすればいいのか。コミュニケーションする相手をどうやってイメージし、関係者で共有すればいいのであろうか。

## 受容者を探せ

筆者が提案したいのは、「受容者」という概念だ。需要ではなく、受容である。

**受容者とは、「発信する情報に興味を持ち、好意的に受け容れ、拡散してくれる人」のことだ。**

ある商品はその価値を感じる人にとって、代替品のない、かけがえのないものであるが、その価値を理解できないという人は確実に存在する。またインターネットの偏在化により、発信した情報は人を選ばず届いてしまう可能性がある。

こうした状況下で、できるだけ情報の拡散を最大化するために最初に話しかけるべき相手が受容者である。

では受容者とは一体なんなのか。

受容者の概念を理解していただくには、筆者がそこに至った経緯を知ってもらうのが早く、次の３つの視点からゲーム業界のこれまでをまとめてみたい。

**①細分化による競争の激化（レッドオーシャン化）**
**②メディアの嗜好性・サイズとのアンマッチ**
**③インターネットの普及**

少し長くなるがお付き合いいただきたい。

### 視点①　ゲーム業界におけるレッドオーシャン化の仕組み

ゲームという商品は、コンピュータプログラムをベースにしているから、テクノロジーの進化の影響を受けやすい。テクノロジーが劇的な進化を遂げる時、往々にして潮目が変わる。イメージしやすいように言い換えると、流行りのプラットフォームや端末が変わる。

「はじめに」でも述べたが、ゲーム市場においては新しいテクノロジーに移行しても、旧世代のテクノロジーに属する製品・プラットフォームは駆逐されない。これがゲーム市場の大きな特徴である。

一般的な電化製品はテクノロジーの進化において、劇的な影響を受けるのが通常であろう。だがゲーム市場は、テクノロジーが新たな段階に進む度に、新たなブルーオーシャン（未開拓市場）が誕生し、その地での競争が次第に過熱する……、というサイクルを繰り返し、成長してきた。そして過熱する競争に勝つために、従来のマス・マーケティングでは、性別、年齢といったデモグラフィックな属性でターゲティングを行っていた。

さて、レッドオーシャンとは、「競合の多い市場」や「競争が激しい市場」といった意味で使われる言葉である。レッドオーシャンにおいては、他社との差別化を図る、というのが一般的な生存戦略として選択される。

ゲーム市場は、テクノロジーの更新の度に新たなブルーオーシャンが誕生し、時間経過と共にレッドオーシャン化していくサイクルを45年間繰り返してきたのだが、差別化を追い求めていくあまり、後発であればあるほど細分化された嗜好に合わせた（カスタマイズされた）ゲームの開発がされるようになっていった。

後続のゲームであればあるほど、細分化されたターゲットに向けたものになりやすい。これがずっと続く。

一点、特徴的なのは価格面で、ゲーム市場は嗜好品を求める人に対して販売する市場であるため、価格の下落は起こりづらい。消費者の態度としては「興味ない・知らない」か「高くても買う」かのどちらか。０か１か、なのである。

レッドオーシャンが進めば進むほど嗜好と商品は細分化される。しかし消費者の「０か１か」という態度は変わらない。次第にニッチなニーズに向けた商品になっていき、結果として多数のユーザーから無視されるリスクが高まっていく。

では、どのようにして情報を伝えていくべきなのか？

### 視点②　細分化していく嗜好性と既存メディアのサイズのアンマッチ

ユーザーに商品の情報を届けるには、いつの時代も「メディア」が必要とされるが、インターネットがなかった・未発達だった時代においては、メディアの数は限られていた。
そして、メディアは嗜好性によって分類され、それぞれ嗜好性の規模によってサイジングがなされていた。メディアごとに向いている嗜好性、サイズが存在していたということだ。

メディアの嗜好性とサイズ感について、わかりやすさ重視で単純化した例を挙げてみよう。たとえばテレビというメディアの、ゴールデンタイムのCM枠なら、「家族全員の目に留まる」可能性があり、幅広い層が利用する商品の情報を宣伝するのに適している。

幅広い層に知らしめたい商品を宣伝する場合に、テレビというメディアは向いていると言える。

一方で、利用客のほとんどが地元の人間という駅の壁面や看板スペースなどは、限られた人向けのメディアと言える。地元の開業医や法律系の事務所が長く看板を出していたり、たまに地元の高校、大学が学園祭のポスターを張っている場所だ。

通勤に電車を利用する住民なら、朝晩、必ず駅を利用することになるわけで、駅構内のスペースは地域に密着した情報を広めたい時に向いているメディアと言えよう。

このようにメディアには、向いている情報の種類とサイズがある。

話をゲーム業界に戻そう。

商品が細分化・先鋭化していくと、当然のことながらサイズの限界値もまた狭まりやすい。一方で、既存メディアのサイズはそうすぐには変わらない。

なので、インターネットがなかった・未発達だった時代においては、細分化・先鋭化していく嗜好性と、メディアのサイズとのアンマッチがそこかしこで発生し、「プロモーションコストの増大に対して、売上がついていかない」という状況が起こりがちであった。先の例で置き換えるなら、地域の情報くらいに細分化・先鋭化された商品の情報を、莫大なコストをかけテレビCMを使って告知しなければいけない、というアンマッチが起こっていたということだ（非常に極端な例であるが）。

・同じ世代の技術カテゴリ内で、時間経過とともに競合が増加する
・時間経過と共に嗜好性が細分化され、ターゲットが狭まっていく

この現象は、同じ世代の技術カテゴリの後半期（成熟期）ではいまだに起こりがちではあ

る。

なお、これはゲームだけに限った話でもない。一つのカテゴリの祖となるような商品が出た後で、同カテゴリの後続商品が続くような場合、嗜好性の細分化・先鋭化が発生する。そして、メディアサイズとのアンマッチが発生する。最終的には、消費者のボリュームとのアンマッチを起こし、商業的な失敗に至る。

### 視点③インターネットの普及によって発生した変化

そんな中、インターネットの普及によって、人々の生活は大きく変化した。

インターネットの普及によって、産業構造そのものが変化した例も多いが、ここでは、コミュニケーションの分野で起きた変化に注目して話したい。この変化については、大きくは2つある。

1つ目は情報爆発である。すでに日々生み出され、発信される情報は、消費可能な量をはるかに超えている。

人は、自分に必要な情報だけを摂取し、消費する。企業都合の情報は、その情報に注目すべき理由がない限り、全く注目されなくなった、と考えるべきだ。

**図表1-3　情報爆発のイメージ**

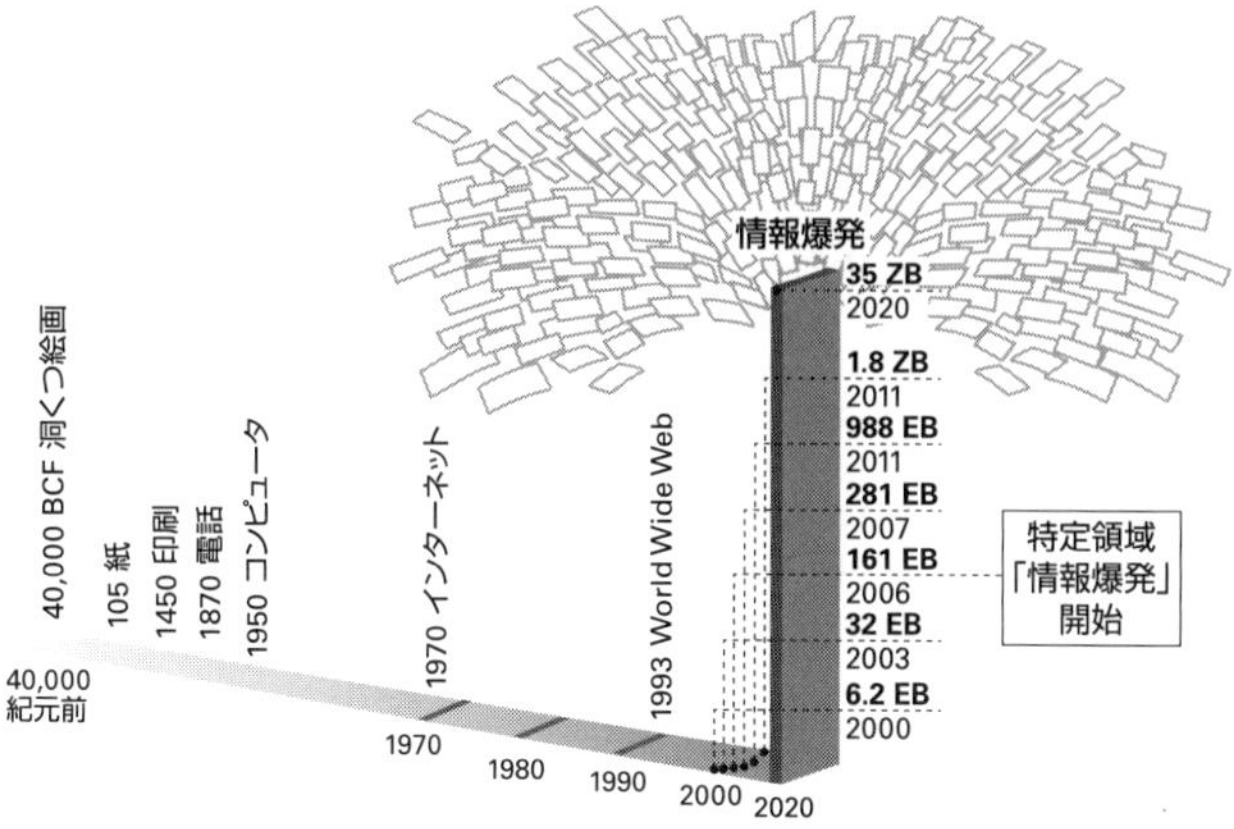


出典：『電子情報通信学会誌』Vol.94より　Horison Information Strategies, cited from Storage New Game New Rules, p.34(www.horison.com), IDC, The Diverse and Exploding Digital Universe 2020 (http://www.emc.com/collateral/demos/microstites/idc-dibital-universe/iview.htm)

そしてもう1つは、人と人とのつながり方の変化である。

インターネット以前は、人と人とのつながりは、物理的な距離の制約を受けていた。地元・学校・会社といった、同じ土地・同じ集団に属することが、つながりを作るほぼ唯一の手段であった。そして、そうした物理的に距離の近い場所で時間を過ごすことが大半であった。逆に言えば、それ以外のつながりを持つことはほとんどなかったと言ってもよい。

結果として、ユーザー・コミュニケーションを行うためのメディアは限られていた。新聞・雑誌・TV・ラジオといったいわゆるマスメディアが唯一物理的な

**図表1-4　固定ブロードバンドの普及推移**

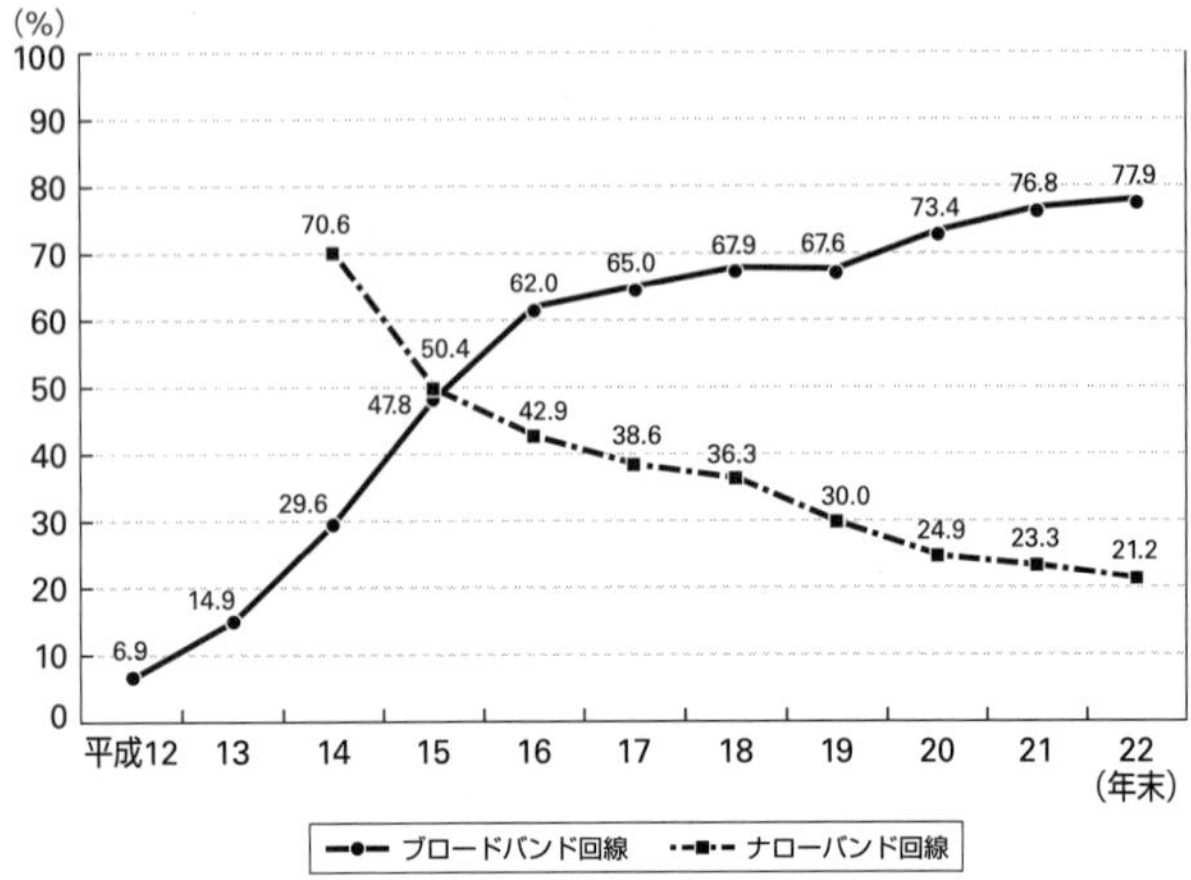


※ナローバンド回線は平成14年より集計

出典：平成23年版情報通信白書（総務省）

距離を突破するための手段であった。かつて、マスメディアの相対的な重要度が高かったのはこのためである。

１９９５年の「Windows95」発売を契機にインターネットは爆発的に普及し、それ以降、インターネットを介した人と人とのコミュニケーションが発生するようになった。

２００４年からブロードバンドの普及率が62％を超え、インターネット上の人と人とのコミュニケーションは更に加速する。そして、２００７年には、モバイルにおけるインターネット接続がパソコンのそれを超えた。いまや日本人の60％以上がスマートフォンを介して、常時イ

**図表1-5　個人におけるモバイル端末の保有状況**

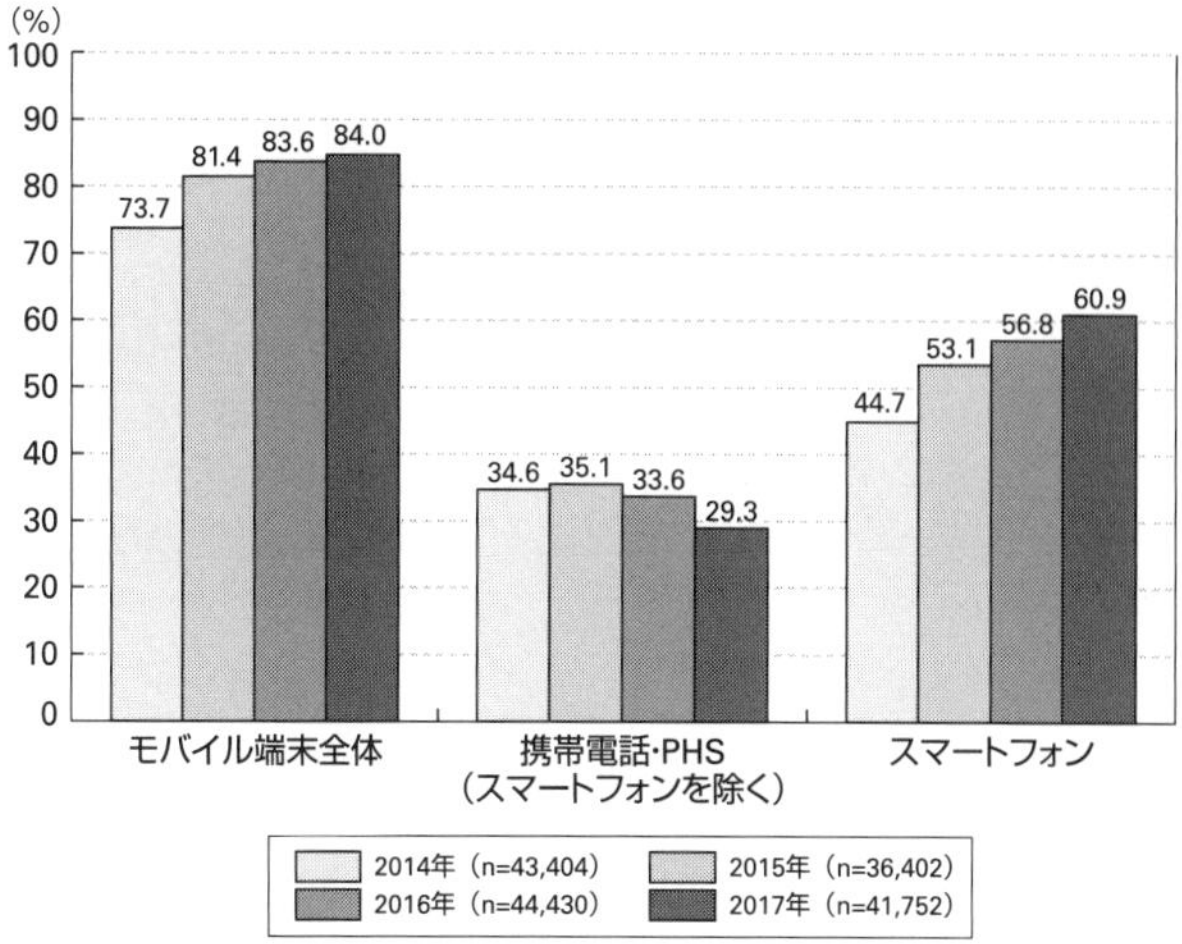


出典：平成30年版情報通信白書（総務省）

ンターネットに接続していることになる。

これまで、部活や同好会、雑誌や同人誌といった物理的なメディアに依存していた、趣味・嗜好を同じくする人と人との交流が生まれたのだ。その流れを加速し、さらなる変化をもたらしたのがＳＮＳである。主要なサービスの登場や普及の状況を見てみよう。

１９９０年代から２００５年あたりまでは個人ホームページの時代であった。趣味・嗜好を同じくする同好の士が個人のホームページに、物理的な制約を超えた場所として集まり、交流が始まった。

２００５年あたりからは、ブログサー

**図表1-6　主要SNS等のサービス開始時期と普及状況**

| | サービス開始時期 | 顧客の数 |
|---|---|---|
| Twitter | 2006年3月21日 | 4500万人月間アクティブユーザー（国内） |
| Facebook | 2004年2月4日 | 2600万人月間アクティブユーザー（国内） |
| YouTube | 2005年2月 | 20億人以上月間アクティブユーザー |
| Twitch | 2011年6月6日 | 日間アクティブユーザー数は1750万人を超える（らしい） |
| Instagram | 2010年10月6日 | 3300万人月間アクティブアカウント数（国内） |

出典：リュウズオフィス調べ

ビスの普及が加速する。

そして、２００８年から始まったmixiの隆盛により、更にユーザー相互の交流が加速。

２００６年から始まったTwitterは日本国内の利用者が２０１７年には４５００万人を超えた。Facebookは２０１９年時点で国内の月間利用者数が２６００万人であった。

趣味・嗜好でつながった人たちの塊が自然発生的に誕生するようになったのである。これが、インターネット普及以前と以後で発生した、最も大きな違いである。

## トライブという概念

さて、やっと「受容者」の説明に近づいてきた（もう少し辛抱していただきたい）。

同じ趣味・嗜好でつながった人たちの塊を、マーケティングの言葉で「トライブ」（tribe／部族）と呼ぶ。トライブの誕生については、インターネットの普及と切り離して論じることは難しい。インターネットによって、人々は、物理的な場所・距離を超えてコミュニケーションをとることができるようになった。結果として、同じ趣味・嗜好を持つ人々がつながり合い、影響を及ぼし合うようになっていったのだ。

トライブという概念で人の塊を捉えるにあたっては、以下のことを念頭に置く必要がある。

**・一人の人間は、複数のトライブに所属することがある**
**・複数のトライブに所属している人間をハブとして、複数のトライブは連結する**
**・連結したトライブのことをトライブスと呼ぶ**

このトライブスの発生により、「ロコミ」の発生と伝播がより強力になった。

情報を発信する側にとっても、トライブとトライブのつながり、トライブスの構造という視点を持つことで「いかに情報を拡散させていくか」というところがイメージできるのではないだろうか。

「誰」を念頭に置いて、メッセージを設計するか。「誰」に伝えて、どういう形で情報が伝播していくのか。「トライブ」という視点を持つことは、新たな「知覚」を備えることにつながる。ゲームのプロモーションの場合、いかにこの「ロコミ」に乗せてもらえるか、ということが極めて重要である。理由としては以下が挙げられる。

まず、マスメディアに頼り切ることはできない。前述したとおり、メディアサイズとユーザーサイズのアンマッチが原因だ。

更に、日本においては、残念ながらゲームメディアが衰退を極めており、情報伝達手段としてあてにならない。

結果として、各企業はオウンドメディアの開発、維持にやっきになっている状態である。

つまり、「ゲームファン」総体に対してアクセスできるメディアが存在しないのだ。結局のところ、「ロコミ」に乗せてもらえるかが、ビジネス上の成否を大いに分けることとなる。

**図表1-7　トライブとトライブスのイメージ**

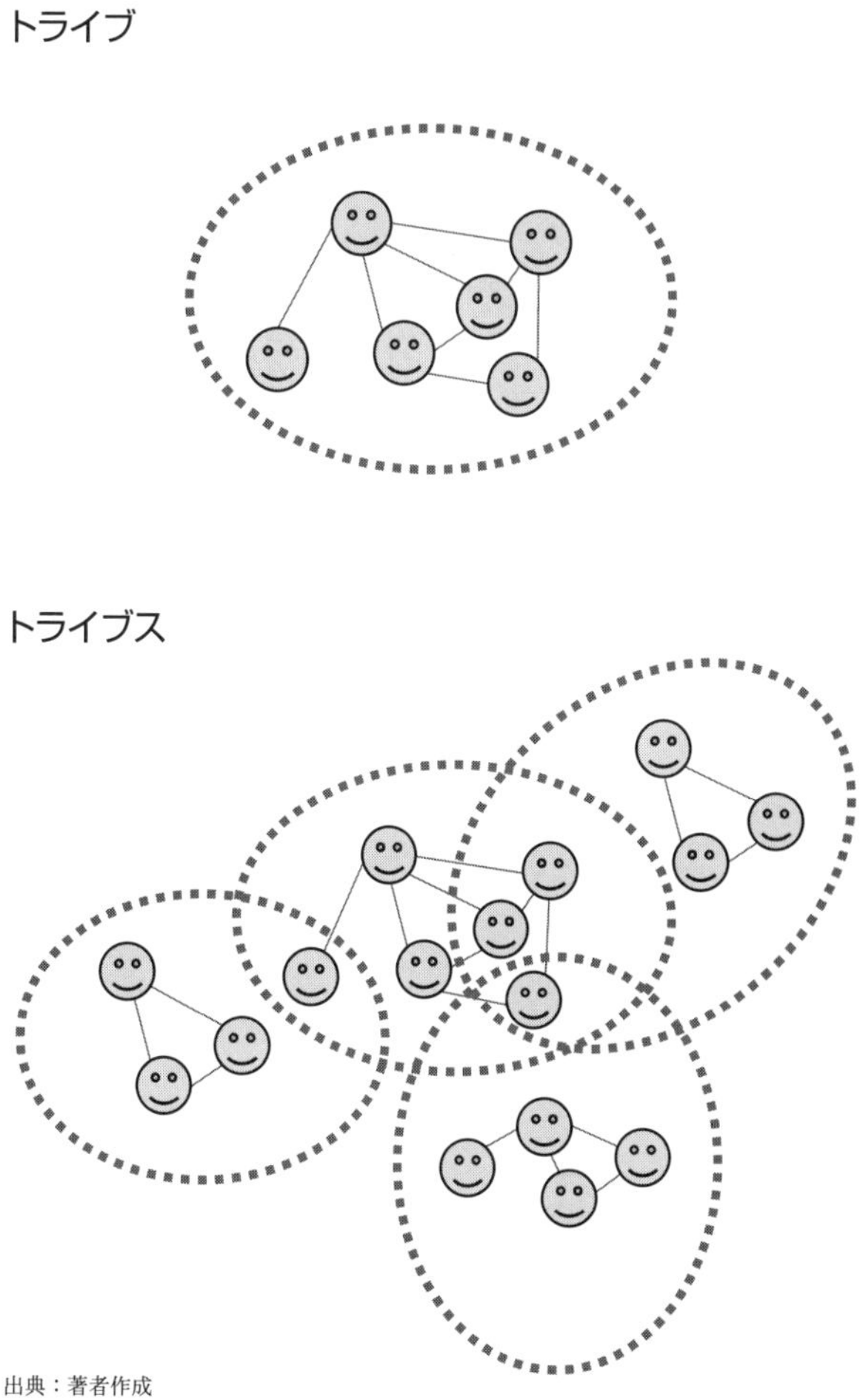


出典：著者作成

いかにトライブからトライブスへ話題を伝播させるか、が重要になるのだ。

なお、上記はゲームに限った話でもないはずだ。多くの製品で、メディアサイズとユーザーサイズのアンマッチは発生していると思う。

## 受容者はどこにいる？

ようやく本題。受容者は誰か。どうやって定義するのか。

まず、重なり合いながら拡がるトライブスをイメージする。その中でどのポイントに情報を届ければ連鎖がつながるか。最大の伝播が発生するか。そういった視点を持ってほしい。

**連鎖するトライブスにおける発火点であり、連なっていく導火線を最大化する点。それが、受容者である。**

その受容者こそが、最初にコミュニケーションすべき相手だ。

もっとも連鎖を拡げるには、どこを発火点にするのがよいか。どこから始めれば、最大化できるか、という視点で、受容者を探し出そう。

では具体的に、どのようにして受容者を見つければよいのか？　そして、彼らへの理解をどのように深めていけばいいのだろうか？

自分自身が受容者である場合は、話が早い。自分自身が属しているトライブを念頭に置けばよいからだ。

しかし、人は年をとっていくものだし、生活は変わり続けるものだ。リアルな受容者との乖離《かいり》は必ず起こっていく。筆者は自分が30歳を超えたあたりから、自分自身の感覚をあまり信用しないようにしている。

受容者を知るには、一般的には、ユーザー調査が有効である。読者の中にはユーザー調査を実際に行ったことがある方もいるだろう。

本書はユーザー・コミュニケーションをプランニングする上での視点を提供することを念頭に置いているので、細かい技法について述べることはしない。しかし、ユーザー調査を行う上での視点は書いておきたいと思う。ゲームユーザーを念頭に置いたものにはなるが、他業界・業種においても、参考にしてもらえるだろう。

ユーザーを理解する上で筆者が重視するのは彼らの生活である。具体的には、**どんなものに可処分所得や可処分時間を割いているか**、である。

彼らの可処分所得、可処分時間は限られている。限られたコストをどこに割くか。その対象は必ずしもゲームに限った話ではないはずだ。**何にお金を払い、何に時間を費やすのか。それを丹念に調べていくことで、トライブスの連なりもイメージしやすくなる。**

筆者の経営する会社リュウズオフィスでは、コンサルティング契約をしているクライアントに対しては必ずこれを把握するよう勧めている。実際にユーザー調査を行うことも多い。同一ブランドで、5〜10年と継続的に顧客調査を続けていくと、見えてくるものは多い。顧客の生活は経年で確実に変化していくし、何より技術の変化による生活の変化が、ゲーム消費に与える影響は極めて大きい。後述するコンテクスト分析（第2章で解説）にも大いに役立つのでおすすめである。

ちなみにユーザー調査について。

ユーザー調査は、組織における意思決定の材料として使われることが多い。また、コミュニケーションに関わる関係者間で共通の認識を形成する上でも重要ではある。

しかし、何のために調査を実施するのかが最も重要であるし、比較対象（の集団）を設定しないユーザー調査には疑問が残る。

たとえばこんな調査を見たことはないだろうか？

自社製品のユーザーなどの同一集団に対してアンケート調査を行い、「TVCMは○○%の人が見ていました。Twitterは○○%でした。○○%は割合として非常に高いので、効果的です！」といった具合だ。

比較対象を設定することで、初めて自社の顧客の性質が浮き彫りになる。自社顧客のみを対象にした定量調査を実施する場合、恣意的な結果を導きたい誰かの意思が介在していないとも言えない（そしてだいたい介在している）。

広告代理店に調査を発注する場合は、特にご注意を。

## コミュニケーションの相手は購入者も含む

「ターゲットは誰なのか」から発想すると見落としがちだが、ユーザー・コミュニケーションの相手には購入者も含まれる。受容者＝新規ユーザーだけではないのだと念押ししておきたい。

そもそも、ユーザーとコミュニケーションを企てる際、伝える相手を絞り込むことは不可能な時代だ。商品にまつわるありとあらゆる情報が、望むとも望まずとも、すでに商品を購入した人に届いてしまう。

誰もがインターネットを通して情報に触れられる時代なのだから、購入者もコミュニケーションの対象と考えるべきだ。

なお、発信した情報はなんらかの形でアーカイブ化され、過去のブランドの振る舞いは、未来のユーザーの目に留まることも十分にあり得る。ブランドの振る舞いの蓄積が、ブランド・ヒストリーを形成し、ブランド・イメージの形成に直結していく。

## コミュニケーションには常に目的がある

ユーザーに向けたコミュニケーションには常に意図があり、達成目標がある。

それは、ユーザーの商品に対しての態度を「変容させる」か、あるいは「維持する」か、である。態度とは、ブランド・ロイヤルティのことを指す。

ここで語義を整理しておこう。

ブランドとは、消費者の心の中に存在する概念である。

ブランドは、消費者の購買行動や情報摂取行動に大きく影響する。消費者は、購買を検討する際に、商品の価値が自分の決めた閾値《いきち》を超えた時に、購買行動に移る。

プロダクトやサービスの機能、価格、そしてブランド価値（この価値は消費者の心の中にしか存在しない）を総合的に採点し、閾値を超えたプロダクトやサービスに対して、コスト（時間やお金）を支払う。

基本プレイ料金無料のスマホゲームがひとまず体験（ダウンロード）してもらいやすいのは、最初に支払うお金のコストが限りなく0だからである。お金や時間のコストが少なければ少ないほど、閾値は超えやすくなる。

情報摂取に関しても同じことが言える。

プロダクトやサービスの情報をウォッチし続けるユーザーは、情報摂取行動に対して、時間というコストを支払っている。情報は基本的には無料であることがほとんどなので、お金のコストは低い。しかし、プロダクトやサービスに対し、一定の価値（ブランド）を感じているからこそ、彼らは情報摂取に対し、時間というコストを支払うのである。

消費者の心の中で、優位な立場に立とうとするあらゆる企業努力をブランディングと呼ぶ。

ブランド・ロイヤルティとは、消費者の心の中で、ブランドが占める相対的な立場、地位のことである。消費者の、ブランドへの愛着の度合いとも言える。消費者の心の中に蓄積された、ブランドのイメージ、プロダクトやサービスの体験の蓄積が、ブランド・ロイヤルティを形成する。

ゲームは嗜好品の最たるものであり、原則として代替品が存在しないと述べた。そのゲームにおけるユーザー・コミュニケーションを考えていくにあたって、ブランド・ロイヤルティという視点は非常に役立つ。

## ブランド・ロイヤルティの段階を把握せよ

コミュニケーションを行う対象のブランド・ロイヤルティがどの段階にあるか？

ユーザー調査を行う際に、認知度だけではなく、この点を把握しておくことは重要である。図表1―8は、Garth Hallberg による、The brand emotional loyalty pyramid の図に和訳をあてはめて筆者がアレンジしたものである。

先ほど「コミュニケーションには常に意図がある」とし、それはユーザーのブランドに対

**図表1-8　ブランド・ロイヤルティのピラミッド**

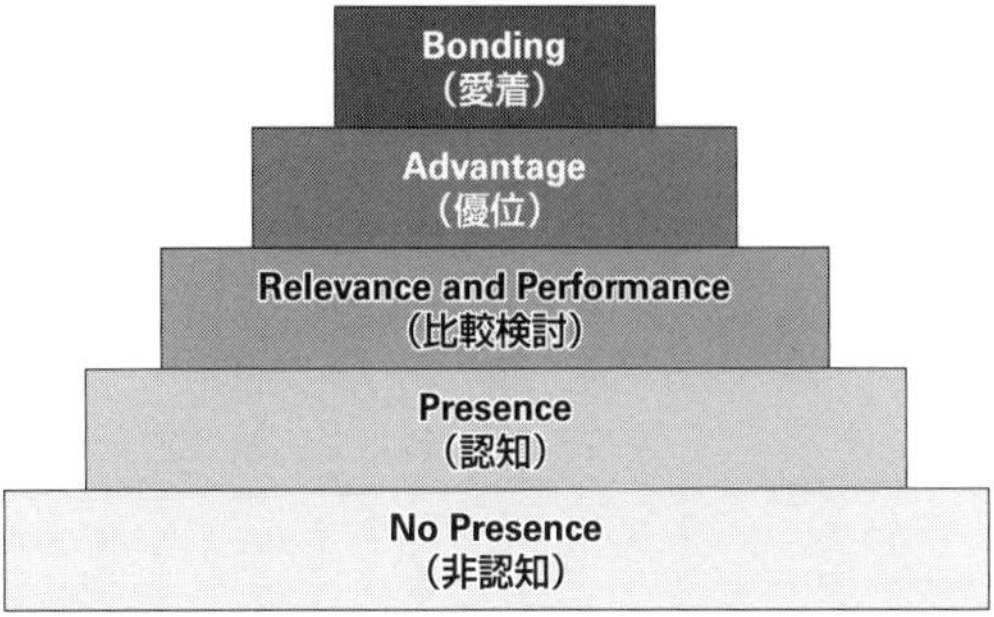


| 段階 | 説明 |
|---|---|
| Bonding（愛着） | 当該ブランドにはいくつものユニークな特質があると感じていて、そのブランドが好きだと意識できる |
| Advantage（優位） | 当該ブランドが持つある種の性格が他よりも優れていると感じている |
| Relevance and Performance（比較検討） | 当該ブランドが消費者の欲求に合っていると認識されはじめる |
| Presence（認知） | 消費者はブランドを知っているが、エモーショナルなロイヤルティはごく小さい |
| No Presence（非認知） | 消費者はブランドを知らない |

出典：Garth HallbergによるThe brand emotional loyalty pyramid（Journal of Targeting, Measurement and Analysis for Marketing Vol. 12, 3, 231–241）をもとに著者がアレンジ。なお和訳は以下のサイトを参考にした　https://www.mediologic.com/entry/post-2234/

しての態度を「変容させる」か「維持する」かである、と述べたが、その変容させる段階をわかりやすく示したのが先の図である。

コミュニケーションを行うにあたっては、一つ前の段階から次の段階へ態度変容してもらうことを念頭に置く。

どのような形の広告であっても、Bonding なユーザーから、No Presence なユーザーまで閲覧することがあり得るので、常にブランド・メッセージを意識しなければならない。インターネットは（もはやインターネットを意識しない消費者が圧倒的に多数を占める中で）、情報を届けるに際して、ターゲットを選定できない。ブランドの立ち居振る舞いは、どんなに些細なものであっても、すべての段階のユーザーに対して伝わってしまうと意識すべきだ。

ここで注意したいのは、非認知から認知の段階に至る際、一定の確率で「興味なし」に変容してしまうことがある、という点だ。これは基本的には避けられない。そして一度「興味なし」に変容した場合、「検討」という段階に進むのは非常に困難であることが多い。

一つ、筆者が体験した実例を挙げよう。

とあるシリーズタイトルの作品において、発売前のコミュニケーションで、ある特定の情報出しをした直後、事前にそのタイトルに注目をしてくれていたユーザー層のうち一定の割合の層が失望した。「自分にとって、情報を継続的に追いかけるべき対象ではない」という判断をしたものだと思われる。

筆者は、補捉できる限り、失望したユーザーのその後のTwitter上での活動を追ってみたが、失望に至った情報出しの後、メーカーからの情報には一切反応しなくなったユーザーが大多数であった。

ゲームの詳細な情報を出す時、注意しなければならない点がこれである。

詳しくは第3章で述べるが、ここで重要なのは伝え方を時系列で捉えるという発想だ。

プロダクトやサービスの情報を発信し、それを消費者が受け取った途端、消費者の態度は変容する。この態度変容は不可逆的で取り返しがつかない。

組み合わせ、ではなく順番が重要なのである。

## 「誰に」伝えるのか？　を考える上でのまとめ

プロモーションのターゲットの定義から入らない。

「新規・既存」といった購入歴や、属性でユーザーを分けて考えない。

情報を受け容れ（あるいは興味を持ち）、好意的に拡散してくれる人たち（＝受容者）は誰かを考える。

彼らのブランド・ロイヤルティの段階はどこにあるか？

期待する態度変容はなんであるのか？

場合によって、「興味なし」に態度変容してしまうリスクはないか？

そのリスクは許容できる範囲内か？


これらを、あらゆるアクションの度に考え、定義し、着実にブレずに実行する。

ターゲットを絞り込んでいくのは、具体的なアクション（施策）の定義の時でいい。

コミュニケーションをする相手を考える際は、まずは受容者から発想しよう。

次章では、消費者に「何を」伝えるのか、についての視点の話をしたいと思う。

第2章

# 「何を」伝えるのか？

## 商品を分析し理解する

## 商品を理解するための3ステップ

商品（モノ・サービス）が持つ魅力のうち「何を」消費者に伝えればいいのか？　それを見つけるために必要なのは、商品への「愛」だ。

具体的に言うなら、商品を誰よりも理解することだ。

理解できれば「何を」伝えればいいか、おのずと見えてくる。

また消費者とのコミュニケーションにおいて、常に適切な振る舞いができる。

先に言っておくと、**消費者は作り手の振る舞いを常に観察している**。特にゲーム業界は、そこでのジャッジが厳しい。広告ひとつとっても、かけられた労力や予算、センスなどから、作り手の本気度を見抜く。誤魔化したり、騙し売りはできない。それをやってしまうとブランドの信用を落とし、すぐに崩壊する時代だ。自分自身、このパターンでの失敗例もある。

「何を」伝えるべきかを明確にするためにも、消費者の厳しい目に耐えうる適切な振る舞いをするためにも、まず商品を理解する必要があるのだ。

商品を理解するためには3つのステップを踏む。

（１）テーマを理解する
（２）構造を理解する
（３）コンテクストを理解する

順を追って説明していこう。

## (１) テーマの理解…消費者の気持ちをどう動かしたいか？

ここでいう「テーマ」とは、作り手が消費者の気持ちをどう動かしたいか、という狙いのことである。その商品（モノ・サービス）に触れた消費者の気持ちを、A地点からB地点へ動かすという企みとも言える。作り手の「意図」であり「制作動機」と言ってもいい。それがテーマである。

## 「ドラクエ」のテーマについて

前置きをしておくと、本項で筆者は個別の商品の論評をしたいのではない。商品の具体名を挙げて解説を試みるが、筆者の考える「テーマについての分析」を行うに過ぎず、論評や論争をしたいわけではない、ということを申し上げておきたい。

筆者が身を置くゲーム業界からわかりやすい例を挙げるならば「ドラクエ」だろう。読者の大多数にプレイ経験があるだろうし、未経験でも名前くらい聞いたことはあるはずだ。ここではロト三部作と呼ばれる「ドラゴンクエスト」シリーズⅠ・Ⅱ・Ⅲを使って説明してみたい。「ドラゴンクエストⅠ〜Ⅲ」に共通したテーマは、「コンピュータＲＰＧの楽しさを日本人にわかりやすく伝える」だと筆者は考える。

Ⅰは、竜王を倒し光の玉を取り戻す、という冒険の旅に、勇者は一人で挑むことになる。ここでは、モンスター（バトル）という要素、倒すべき魔王（竜王）という存在、そしてモンスターとのバトルを繰り返すことで成長するという要素、町の人々と会話をすることで情報を集め攻略の指針を探るというシティアドベンチャーの要素、洞窟を探索することで必要な道具を揃えるという要素、モンスターを倒すことで手に入るゴールドで武器や防具を買い勇者を強化していくという要素が揃っている。当時、ＰＣで先行していた「ウィザードリィ」や「ウルティマ」といったコンピュータＲＰＧの要素を徹底的に単純化し、小学生でも遊べる内容に落とし込んでいると言えよう。

Ｉのわずか８ヶ月後に発売されたⅡでは、これにパーティープレイという要素が加わった。勇者はもはや１人ではなく、３人に増え、それぞれ戦闘における役割が明確化されていた。更に船という乗り物の要素も加わった。注目したいのは、武器や防具を装備しないとならない、という変更点だ。Ｉと比較すると格段に複雑化されているが、Ｉをプレイしたプレイヤーであれば、十分理解できる内容であった。

これがⅢになると、キャラクターメイキングやキャラクター職業の転職要素が追加された。Ⅲまできてようやく、前述の「ウィザードリィ」や「ウルティマ」といった先行していたコンピュータＲＰＧが持っていた要素を兼ね備えている。

これらは、特にＩの開発時点では、当時の技術的な制約（主にゲームデータの容量）から削らざるを得なかった要素とも言えるが、Ｉ・Ⅱ・Ⅲと制約がなくなるにつれ「前作のプレイヤーがついてこられる範囲」で段階的に新機能を追加している。これはコンピュータＲＰＧの楽しさをユーザーに伝えるために、作り手が徹底して要素を単純化し、整理していたからこそできたのだろう。

Ⅰ・Ⅱ・Ⅲのロト三部作は、明確に、「コンピュータＲＰＧの楽しさを日本人にわかりやすく伝える」、というテーマを貫いている。

## 「レッツノート」のテーマについて

さて、次はゲームから離れて、ビジネスマンの多くに愛用されているモバイルパソコンであるパナソニックの「レッツノート」を例に挙げて、テーマ分析を試みてみよう。

先に断っておくが、モバイルパソコンという分野もまた、論争を呼びやすい分野だ。本項では、どのパソコンが優れているかという話をしたいわけではない、ということを先に述べておく。ちなみに、筆者は過去30年近く、様々なメーカーのモバイルパソコンを30台以上所有し、使用したことがある。「レッツノート」も長年愛用しており、ゲームほどではないが一応ヘビーユーザーではある。

「レッツノート」は、パナソニックが発売するモバイルパソコンのシリーズ名（ブランド）である。２０１９年においては、13インチ未満の国内モバイルパソコンシェアで１位を占めており（ＩＤＣジャパン調べ）、法人向けノートパソコンの代名詞と呼べるくらいの地位を獲得している。

パナソニックのパソコン事業部門は、立ち上げから長い間、赤字が続いたという。その転換のきっかけとなったのが、米国の警察からの「壊れないパソコン」という発注だった。こうして生まれた「タフブック」をベースに「レッツノート」は生まれた。

では「タフブック」から生まれた「レッツノート」のテーマとは何だろうか。それは、「壊れない」ことに加えて、「ビジネスにおける信頼性」である。詳しくは後述するが、「レッツノート」は、グラフィックデザインや映像制作に向いたマシンではない。テーマに従い、用途を限定しつつも、オフィスワーク、テレワーク、出張など一般的なビジネスマンが必要とする機能・仕様を満遍なく用意した、まさにビジネス用のモバイルPCである。

### テーマと要素の関係性

さて、ここで質問。テーマとは「作り手の意図（狙い）」だと書いたが、それを最も理解しているのは誰だろうか？　もちろん作り手その人である。

テーマを誰よりも理解しているのは作り手。よって、テーマを理解したければ、可能な限り作り手を取材してみるといいだろう（筆者もできる限り行っている）。

では取材が難しい場合はどうすればいいのか？

その場合、**作品を構成している要素を分析することでテーマを読み解く（あるいは見当をつける）ことができる。**

要素とは、その商品を構成している主な点のことだ。商品には無数の要素が存在し、要素一つ一つに作り手の意図が内包されている。要素が果たす役割はテーマのもと定められており、要素を一つずつ見ていくと、バラバラなようで一定の方向を指し示している。要素の指し示す先にテーマがある。

テーマと要素の関係性は、実例を見たほうが理解が早い。そこで前項で挙げた、「ドラゴンクエストⅠ・Ⅱ・Ⅲ」と「レッツノート」シリーズについて要素を整理していこう。

## 「ドラゴンクエスト」の要素分析

「ドラゴンクエスト」のロト三部作のテーマは「コンピュータＲＰＧの楽しさを日本人にわかりやすく伝える」だと述べた。すでに前項でシリーズに共通する要素を挙げたが、改めて整理して分析を行ってみる。

**・キャラクター**

Ⅰは1人固定。Ⅱでは固定された3人。Ⅲでは、主人公となる勇者1人のみ固定だが、残りの3人は自由にキャラクターメイクすることができ、パーティーの入れ替えも可能。ゲームをクリアした後は、勇者すら外すことが可能になる。

**・装備（武器・防具）**

Ⅰは店で買う、あるいは宝箱から入手するが、装備をする必要はない。自動的に古いものは下取りに出されるか捨てられるかし、新しいものに置き換えられる。Ⅱでは3人のキャラクターが装備可能な武器が異なり、手に入れた後、装備をしなければ効力を発揮しない。より複雑になっている（当時先行していたコンピュータＲＰＧの仕様に近づいている）。

**・魔王**

Ⅰ・Ⅱ・Ⅲを通して、「魔王」の存在が物語の冒頭に語られ、魔王を倒すことが冒険の目的であることが示される（明確に「魔王」という言葉が使われたのはⅢからではあるが、ここでは「魔王」で統一する）。Ⅰの魔王、竜王は諸悪の根源である。最初は人の姿をしているが、ある程度のダメージを与えることで正体をあらわし、ドラゴンの姿に変身する。

Ⅰで表現された「魔王の変身」の要素は、形を変えてⅡ以降に受け継がれている。Ⅱでは、当初の魔王とされていた大神官ハーゴンを打ち倒すと、ハーゴンは自らを生贄として儀式を行い、破壊神シドーを呼び出す。ハーゴンとシドーは異なる存在であるが、これは竜王の変身と機能としての要素は同一である。

Ⅲでは、この「魔王の変身」の要素が解体され、アップグレードされている。Ⅲの魔王は、魔王バラモスであるとされる。主人公たち一行はバラモスを倒した後、バラモスは大魔王ゾーマの手下に過ぎないことを知る。そして、ゾーマが住まうのは自分たちの住む世界の地下深く、すなわちⅠの舞台であった闇の世界アレフガルドであることを知る。Ⅲでは、魔王はたしかに「変身」するが、同時に新たな冒険世界の入り口が開き、ユーザーを驚かせる。更には、ロト三部作の一作目であるⅠと最終作であるⅢとの物語上の連結を示唆する。

以上が、ロト三部作の要素分析の一例である。

「キャラクター」「装備」「魔王」のように、シリーズに共通して存在する要素の考察をしていくと、「ドラクエ」シリーズは「コンピュータＲＰＧの楽しさを日本人にわかりやすく伝える」ために、実に細やかな設計がなされていることがわかる。仮に作り手に取材ができなくても、このように要素を分析することで、「ドラクエ」制作者の意図を読み解く（あるいは意図に近づく）ことができるだろう。

なお「ドラクエ」シリーズのロト三部作は、シリーズを通して制作者側のアクションと、プレイヤーたちのリアクションのキャッチボールが繰り返されており、ユーザー・コミュニケーションのお手本と言ってもよい。

もともとドラゴンクエストシリーズの原作者である堀井雄二氏は、「週刊少年ジャンプ」に連載されていた「ファミコン神拳」のライターの一人であった。彼らはジャンプの誌上でドラゴンクエストについての事前の解説を行いながら、並行してゲームの開発を行っていた。ジャンプ読者とコミュニケーションのキャッチボールを行いながら、ドラゴンクエストを作っていたのだ。

「ファミコン神拳」では、ジャンプの読者たちがコンピュータＲＰＧに触れたことがない前提で、わかりやすくRPGについて解説を繰り返し、ドラゴンクエストへの興味と理解を醸成するよう努力していたように思う。ちなみに、「ファミコン神拳」は、いわゆる「ゲームメディア」の先駆けであり、彼らはゲームレビュアーの先駆けでもあった。

日本人にコンピュータRPGの面白さを伝えることをテーマに始まった「ドラゴンクエスト」シリーズは、その後、数多のテクノロジーの転換点を乗り越え、現存するすべての世代の端末で人気を博している。各要素が作を追うごとに見事に昇華されており、魔王の変身要素を転換させたⅢは、ユーザーに深い感動と驚きを与えた偉大な発明でもある。

更にⅢから搭載されたバッテリバックアップ機能により、ファミコンでのプレイ体験をリビングでシェアするものから長時間のソロプレイに変えたことは、その後のゲームに大きな影響をもたらし、「ドラゴンクエスト」が現代に至るまで偉大なゲームの一つに数えられるきっかけを作り出したと言えるだろう。

## 「レッツノート」の要素分析

続いては「レッツノート」の要素分析をしてみよう。

同シリーズのテーマは、「ビジネスにおける信頼性」であると述べたが、シリーズに共通する要素を分析して、読み解いてみよう。

### ・堅牢性

前項で、「レッツノート」は「タフブック」から生まれたと書いた。「タフブック」は、アメリカの警察からの発注から生まれた。過酷な環境でもとにかく「壊れない」を追求した「タフブック」は、２０２０年の現在でも工事現場などの過酷な現場で活用されている。まずは耐衝撃・耐振動。１５０cmからの落下にも耐える。粉塵や水濡れを気にせず使える防塵・防滴。更に、マイナス10℃から50℃までの温度変化に耐える耐熱・耐寒。雨の中、端末が濡れても操作できるようになっている。

確かに過酷な現場作業では頼りになりそうだ。この「タフブック」から生まれた「レッツノート」は、そこまでの堅牢性はないものの、事務机の平均高である76cmの高さから落としても壊れないよう設計されている。また、満員電車での圧迫にも耐えられるような堅牢性を有している。

つまり、一般的なビジネスマンが日常使いをする上で物理的に破損しないことをコンセプトに設計されているのだ。

### ・長時間駆動バッテリ

モバイルパソコンを使用したことがある人であればわかると思うが、バッテリの充電が切れてしまうことを気にしながらの作業は捗らない。レッツノートシリーズは少なくとも1日（8時間）以上駆動できるように設計されている。

### ・端子

会議室でのモバイルパソコンのトラブルといえば、モニタやスクリーンに投射してのプレゼンテーションを行う際、「端子が合わない！」というものがある。これは、実際にプレゼンテーションを担当する人間からすると相当なストレスである。互換アダプタなどが用意されていることもあるが、相性の問題で接続に手間取ることもままある。

レッツノートは、オフィスに存在するレガシーな端子にも対応できるよう設計されている。実際、筆者もレッツノートを使用していて、出先のモニタにつながらなかった！という事態が起こったことはない。

・重量

モバイルパソコンに求められる重要な要素として、軽さ、というものがある。やはり、１kgを超えるモバイルパソコンを持ち歩くのは辛い。「レッツノート」シリーズは概ね１kgを切るよう設計されている。

・ビジネスリモート会議

カメラとマイクを内蔵しているので、リモート会議に即対応可能な設計になっている。

・ビジュアルとサウンド

伝統的に「レッツノート」が弱いのがこの分野だ。液晶は発色・解像度ともにグラフィックデザインや映像編集をしようと思うと、絶望的に物足りない。グラフィックボードを積んでいないので、当然それらの処理には一切向いていない。サウンドも、音楽を楽しんだり、音声を確認する用途には一切向いていない。しかし、大多数のビジネスマンはフォトショップを起動することはほとんどないし、映像編集ソフトを日常業務で使う人は多くはない。テーマに沿って、「レッツノート」シリーズが伝統的に切り捨てている部分であると言えるだろう。

以上、「レッツノート」シリーズのスペックから、シリーズを構成する要素を抽出してみた。いずれも「(一般的な)ビジネスにおける信頼性」に直結する要素が並んでいることがわかるだろう。

繰り返しになるが、作り手に商品(モノ・サービス)のテーマ(制作した動機)を取材できるならば、それが一番早い。テーマを理解していると無数の要素ひとつひとつに込められた意図を理解しやすくなる。

もし取材ができない場合は、要素を細かく見ていくことで作り手の意図に近づくことができる。

では、どのようにして商品から要素を抽出すればいいのか? それについては次項の「構造」という視点がヒントになる。私自身、作り手に取材ができない状況でテーマを理解するために、次項で扱う構造の分析を並行して行い、要素を抽出することもある。

## （2）構造の理解…ほとんどの場合、決まったパターンに分けられる

商品のテーマが理解できたら、構造の理解へ進む。あるいは、テーマの理解と並行して構造の理解を進める。

ここでいう構造とは、商品を形作る「要素と要素の関係性」のことである。

たとえば私が普段接しているゲームと呼ばれる商品は、世の中に数多く存在する。だがほとんどの場合、その構造（要素と要素の関係性）は決まったパターンに分けられる。つまり類型化できる。

どんな新作でも、目新しい機能や設定があっても、構造の部分では「昔あったアレと、似通うパターン」を発見できる。

前述した「ドラゴンクエスト」のロト三部作や「レッツノート」シリーズにおける要素の抽出は、実はこの「構造」的な考えに基づいて行っている。前項の「商品のテーマ」を自力で読み解く場合には、本項の考え方をヒントに要素を抽出していくと理解が早まる。

筆者が商品（特にゲーム）の構造に着目するようになったのは、極めて現実的な問題からだ。

仮にあなたが（筆者と同様に）発売・公開前の、全く未知のゲームタイトルのプロモーション担当者になったとして、プロモーションプランを考えるとしよう。

まず知りたいのは「果たしてそれがどんなゲームなのか」ということだ。実際に触ってみて確かめるのが最も確実であることは間違いない。

だが発売・公開前のゲームタイトルである。この時点でゲームは完成していないことがほとんどだ。ゲームという商品の価値はまさに体験にあるのだが、体験をしようにも完成品がない場合は困ったことになる。

もちろん開発途中のものを試しに触ることはできるだろう。しかし、それは最終的に開発者が企図した体験でないことがほとんどである。

つまりゲームは、現物確認主義ではなかなかにその全体像（あるいは本質）が理解できないということになる。体験の部分部分を寄せ集めて、全体をイメージできないといけない。場合によっては体験できるものが一切存在せず、書類（企画書）から体験を想像する必要がある場合もある（むしろこのほうが多いのではないだろうか）。

完成品があった場合は、もう少し単純に見えるかもしれない。実際にそのゲームを遊んでみればいいのだから。だが、ゲームプレイは膨大な時間を要することが多いことを忘れてはならない。

映画はせいぜい２、３時間。テレビアニメであれば、少なくとも１クール分見ればおおよその内容は掴めるだろう。マンガであれば、冊数にもよるが、一晩徹夜すれば読み終えられることがほとんどだろう。一方、ほとんどのゲームは、２、３時間のプレイだけでその体験の全体像（あるいは本質）を理解することはできないと思っておいたほうがよい。

ここで、プロモーション担当者が直面している課題は２つある。

１つ目は、完成品がない状態で、どのようにゲームを理解すればいいのか。

２つ目は、たとえ完成品があったとしても、限られた時間の中で、どのようにして理解すればいいのか、である。

これらの課題をクリアするために生まれたのが構造への着目だ。

構造がわかれば、完成品がない状態でも、短時間の体験しかなくても、その全体像と本質を理解できるようになる。

先ほど、構造とは全体を作る「要素と要素の関係性である」と述べた。

ゲームは一つ一つが異なる構造を持つが、要素と要素の関係性に着目すれば、何かしらの類型パターンに集約されると気づく。パターンがわかれば、未体験の商品でも全体像をイメージしやすくなる。

構造という視点を持つことで、より深く迅速にゲームを理解することができるようになるのだ。この構造という視点は、新たな知覚にも似ている。視覚や聴覚や触覚に加えて、ゲームの構造を見渡す、という新たな知覚だ。

手順を簡単にまとめてみよう。

### ①要素を把握する（点を把握する）

商品を構成する要素を把握する。要素とは、「ドラクエ」「レッツノート」を例に挙げて前述したとおり、主要なキャラクター、スペック、世界観などを指す。

だが最初の作業で①を完成させることは難しい。その場合、さっさと②に移行する。

### ②要素と要素の関係を把握する（点と点を結ぶ線を把握する）

要素と要素の関係はどうなっているかを把握する。ゲームで言えば、主要なキャラクター同士の関係。主人公とヒロインの関係性はどうなっているか、など。

「レッツノート」で言えば、スペックのバランスだ。液晶の解像度は、バッテリの駆動時間や重量と密接な関係を持っている。つまり、ビジネスマン向けのストレス軽減のために、重量の軽さとバッテリ駆動時間を両立させるために解像度を絞っているのだとわかる。レガシーな端子も含めて主要な端子を網羅し、カメラとマイクを標準装備させていることからは、やはりこのマシンがビジネスでの用途を網羅し、優先させていることがわかる。

これについても、ほどほどのところで③に進む。

### ③類型化する（似た構造を持つ商品は他にないか？）

ここが重要だ。①と②を基に、過去に似た商品がなかったか探してみるのだ。類型化できる既存の商品を見つけ出すことができれば、初見では深掘りできなかった①の作業が捗る。すなわち、最初の作業で見つけられなかった要素、そうとは最初わからなかった重要な部分について、体験をしなくても気づくことができる。壁に隠れた裏側、暗喩の裏側に秘められたものを見つけられるようになる。

以上の①〜③を高速で試行することで、極めて速いスピードで、商品の構造を掴めるようになる。

言うまでもなく、テーマを予め理解しておくことでこの作業は迅速化できるし、類型化できる前例の引き出しを大量に持っておくことで、作業は一層捗る。

この一連の作業を構造化と呼ぶ。

**構造主義**

お気づきの方も多いだろうが、この手法・考え方は構造主義と呼ばれるもので、元は、フランスの哲学者レヴィ・ストロースが1960年代に提唱したものである。

そのため、詳しくはレヴィ・ストロースの著書を読んで、自分なりに考えていただきたい。というのが本音だ。レヴィ・ストロースを理解する、というのは筆者が言うのもおこがましいが、相当に長い道のりである。筆者もエッセンスを理解して、自分なりに解釈して手法に落とし込んでいるに過ぎない。

そのため、いくつか実例を挙げて、「構造」というものを知覚するための手がかりを述べてみたい。

レヴィ・ストロース自身の例示では、『古事記』にあるアメノウズメの淫らな踊りと、ホメーロスの『デーメーテールに捧げられた讃歌』に登場するイアンベの踊り、そして、アレクサンドリアのクレメンスが伝えるバウボの踊り、そして古代エジプトに伝わる物語にも類似点がある、とする。

これらの物語では、心傷つく神にわかりやすい共通項がある。

『古事記』で岩戸に隠れてしまうのは、弟スサノオの乱暴狼藉に怒った太陽神の天照大神である。太陽神が岩戸にこもってしまったことで、下界には闇が訪れてしまう。

『デーメーテールに捧げられた讃歌』では、ポセイドンに乱暴をされたことで心傷ついた大地の女神であるデーメーテールが山中の洞窟に身を隠してしまい、農作物が枯れて飢饉が訪れてしまう。

『古事記』ではアメノウズメが裸になって踊ることで、『デーメーテールに捧げられた讃歌』

では女神イアンベがやはり全裸になって踊ることで、問題が解決する。

アレクサンドリアのクレメンスが伝えるバウボの踊りでは、女神イアンベの代わりにバウボという女神が踊りを踊ることになる。ここでもバウボは全裸（というか、バウボには顔がなく、乳房が目であり、口が外陰という形状をしている）で踊ることになる。古代エジプトに伝わる物語では、心傷ついた太陽神プレー・ハラフティが館に引きこもり、大神オシリスの後継者を決める裁定の会議が停滞しているところに、ハトホルという女神がやってきて全裸で踊ることで、プレー・ハラフティは機嫌を直し、裁定の席に戻ることになる。

いずれも心傷つくのは、太陽神（あるいは穀物の実りを司る神）であり、女性神が裸になって踊る、という共通項がある。

ちなみに、太陽神に無礼を働くのは、日本ではスサノオだが、エジプトでは猿である。エジプトにおける猿は、天体と密接な関係があると考えられ、月の満ち欠けに関与しているとされた。インドでも、猿と天体、気象に密接な関係が存在しているとされる。日本の神にはサルタヒコと呼ばれる神がいるが、「猿」との関係があると考えることもできる。サルタヒコは天空の世界と地上の世界とを仲介する役割を演じる。サルタヒコはアメノウズメの踊りで陽気になったことで、神々を東に導くことを決めることになる。

ここで重要なのは、洋の東西で全く同じ構造の神話がなぜ語られたのか、という理由を探求することではない。要素と要素と関係、すなわち構造という視点を持つことで、各神話を類型化して理解すること、あわせてその神話を生み出した民族や文化について新たな視点を得ることが重要なのだ。

構造主義について、深く語ることは本書の趣旨にはそぐわないので、興味を持った方は、ぜひレヴィ・ストロースの著書に触れてみてほしい。

もう一つ、物語類型の例を挙げよう。

神話でも小説でも、そしてゲームでもよく題材にとられるのが「生きて帰りし物語」という物語類型だ。

ミヒャエル・エンデ『はてしない物語』を、ここでは例として挙げたい。『はてしない物語』という本を古本屋から盗み出した主人公は、学校の授業から逃れ、体育倉庫の中で本を読みすすめる。本を読みすすめるうちに、主人公は『はてしない物語』の世界の中へと足を踏み入れることになる。そして、物語の世界の危機を救うことになるのだが、その過程で次々と現実世界での記憶を失っていく。記憶の大部分を失った頃にようやく、物語の世界から脱出し、現実世界へ帰ることが真の目的であり、記憶をすべて失ってしまうとあらゆる力を失い、廃人となってしまうことを知る。物語の世界で得たものをひとつひとつ失いながら、主人公は現実世界を目指し、やがて生還する。

「生きて帰りし物語」類型の中でも、傑作といえるファンタジー文学であり、類型を説明する上でも非常に明確な構造を有している。主人公は、彼岸へと「行く」ことで、何かを得、何かを失う。「行く」際には必ず障害が存在し、また「帰る」時も必ず障害が発生する。それらの障害を乗り越えた主人公は、人間的成長を得て（あるいは何かを失って）、現実世界へと戻ってくる。類似した物語構造をご存知の読者もきっといるはずだ。探してみると面白いだろう。

最後に挙げるのは、『クラバート』と『千と千尋の神隠し』についてだ。

もともと『千と千尋の神隠し』の原案として『クラバート』が存在するのだが、まさに構造という視点を得るには良い事例なので紹介したい。

「魔法使いとその弟子」という物語構造。魔法使いの弟子となった人物が、試練を経て、魔法使いの弟子を卒業するという構造。卒業をする際は必ず卒業試験がある。卒業試験にしくじると、二度と魔法使いの弟子をやめることはできない。

『クラバート』ではカラスに化けた兄弟子の中から主人公を言い当てるという試験があり、『千と千尋の神隠し』では、千が豚の群れの中から両親を言い当てる、という試験を突破することで、両親がもとに戻り、ハクは名前を取り戻す。

なお、グリム童話には「魔法使いとその弟子」という物語が存在する。ここでは、息子が魔法使いに弟子入りした後、１年たってから父親が息子を迎えに来るが、変身した息子を言い当てることができれば授業料は無料、できなければ多額の謝礼を出すという約束をすることになる。『クラバート』や『千と千尋の神隠し』との類似構造に着目してみると面白いと思う。

## （３）コンテクストの理解…商品にまつわる諸々の文脈整理

「テーマ」と「構造」が理解できたところで、商品が持つ「コンテクスト」の理解に進む。

コンテクストとは近年よく言われている言葉だが、「文脈・脈絡・状況・背景」といった意味である。

商品に関わるいくつかの重要な要素について、「文脈・脈絡・状況・背景」を明らかにすることで、その後の消費者との対話（コミュニケーションプランニング）が円滑に進む。

ゲームという商品における「コンテクスト」をかみ砕いて言うと、次のようになる。

・商品が現在の状況に至るまでの、過去の話
・商品の現在の状況
・関係者それぞれの視点、それぞれの事情
・作り手が背負っている事情、動機
・社会における、その商品の立ち位置
・（シリーズものであれば）シリーズが持つストーリー

……と、細かく挙げていけばきりがないほど「コンテクスト」の一言が示す範囲は広い。

## 未発表商品のコンテクストのほうが理解は容易

コンテクストは、商品が作り手の元を離れ消費者に接触するようになると、加速度的に複雑化する。そして、時間経過によって更に複雑に変化し続けることになる。言うなれば、カオス化する。

あるゲームタイトルがリリースされ、多くのユーザーに受け容れられていく様を想像してほしい。そのゲームが発売されたことで、ユーザー間に新たな関係が生まれたり、作り手が予想していなかった意味付けがなされたり、シリーズ全体の評価が変わったり、違うサービスと結びついたり、といったことが各所で同時多発的に起きる。社会情勢の影響を受けることもある。こうした変化が時間とともに進み、コンテクストは複雑になっていく。

カオス化したコンテクストに対応するには、自らがユーザー化するか、ユーザーを徹底的に取材し続ける必要が出てくる。そのためには前述の構造化のスキルを用いる必要があるが、基本的には取材対象が増え、難易度は上昇すると思ったほうがよい。

前掲した「構造の理解」の項目で、「発売・公開前のゲームタイトルのプロモーション」

について述べたが、筆者は実際、新規のプロジェクトを受託する際、「可能な限り、発表を行う前から関わらせてください」とクライアントにお願いしている。

発表後のゲームタイトルのコンテクストは加速度的に複雑化していくからだ。それらを読み解くより、未発表の商品のコンテクストのほうが理解は容易だ。

## 実例：コンテクストの読み解き方――「JRPG宣言」を仕掛けるまで

では実際に、どのようにコンテクストを読み解くのか？

少々長くなるが、筆者が10年ほど前に実践した例を紹介したい。

当時は意識していなかったが、今振り返ると「コンテクスト」を読み解くために悪戦苦闘した、そんな日々の話だ。

### 再出発のプランニングを請け負う

物語は２０１０年に遡る。

当時、コンシューマゲーム業界で、ディベロッパーを営んでいたイメージエポックというゲーム会社が、パブリッシャーとして再出発しようとしていた。
筆者は同社のマーケティング責任者として、パブリッシング事業の垂直立ち上げにおけるプロモーションプランの作成を命じられた。

ゲーム業界におけるディベロッパーとは、実際にゲーム開発を業務とする業態である。ディベロッパーのビジネスモデルの多くは請負型で、期間を定め、納品物のマイルストーンを定め、期日までに納品を行う。

一方のパブリッシャーとは、ゲームを企画・販売することを業務とする業態である。任天堂やスクウェア・エニックスなど、一般の方にもよく知られている会社が多い（ただしディベロッパーとパブリッシャーを兼ねる企業も多い。スクウェア・エニックスがまさにそうであるし、任天堂に至っては、ディベロッパー、パブリッシャー、プラットフォーマーの機能をすべて有している）。

コンシューマゲームは一般的に開発資金を多く必要とし、また流通がやや複雑でBtoBの営業を必要とする。宣伝活動も必須である。ゲーム業界ではパブリッシャーがその資金と組織の力を動員して、ゲームの企画・宣伝・流通を担っている。

ゲーム開発は、意図せずとも延期を伴うことが多い。ディベロッパーが請負契約をする時、ディベロッパー側の責による開発遅延にかかる費用は、ディベロッパーが負うことになっていることがほとんどである。

ディベロッパーは、必ずパブリッシャーの下請けにあたるわけではない。しかし、実態としては資金力を持つパブリッシャーに対し、ディベロッパーは事実上、従属関係に置かれていることが多かった。

そういった中で、イメージエポックはディベロッパー専業を脱し、パブリッシャー兼業として再スタートすることを決めた。

### パブリッシャーが抱えるリスク

パブリッシュには多くの経費が伴う。以下、パブリッシャーの担う範囲がどれほどに及ぶか、コンシューマゲームのビジネスモデルに触れながら解説していこう。

まず、コンシューマゲームにおけるゲームＲＯＭ（ゲームソフトを記憶させた読み出し専用のメモリやメディア／ファミコンでいうところのカセット、ソフト）は、パブリッシャーがプラットフォーマー（ゲームの基盤となるシステムを提供する事業者。ゲーム業界では任天堂やソニー・インタラクティブエンタテインメントなど）に対して製造の発注を行う。それを流通に卸し、流通が小売に販売し、小売に並んだ商品を消費者が買う。極めて複雑な、BtoBtoC のビジネスモデルである。

　流通に仕入れをしてもらうためには、営業活動が必須である。書類の手続きも多いし、対小売を含めた営業活動が必須である。これらはすべてパブリッシャーが担う。すなわち、パブリッシャーは大なり小なり、営業部隊を必要とする。

　流通に仕入れをしてもらうためには、消費者の予約行動が必須とされる。受注締め日と呼ばれるタイミングまでに、一定の予約数の積み上げがないと、流通は仕入れを渋りがちだ。そのため、発売前の予約数積み上げのためのプロモーションが必須であるとされている。これもパブリッシャーが担う。

　更にプロモーションは、発売日を迎える瞬間に最大の盛り上がりを作らないといけない。仕入れてもらったものを売り切れにさせないといけないのだ。ゲームは書籍と異なり返本制度がない。そのため、小売が仕入れたゲームタイトルがもし売れ残ってしまった場合、小売店は容易に赤字に転落する。ゲームタイトル１本あたりの利益率が３％だというから、33本売っても、１本売れ残ったら、小売店は赤字なのだ。そのため、仕入れには慎重に慎重を重ねることになる。その慎重さを突破して仕入れてもらうためにも、パブリッシャーはプロモーションのピークが発売日に来るようにプランニングをしなくてはならない。

他にも、パブリッシャーとして負う仕事は多い。

資金面でも、組織面でも、ディベロップメント専業であった会社がパブリッシュに乗り出す、というのはそれなりに思い切った行動だった。

**債務超過からの逆転を目指して**

当時に話を戻すと、イメージエポックは、2010年までに請負契約における開発の度重なる失敗により、債務超過に陥っていた。パブリッシャー化は、イメージエポックにとっての逆転劇を目指した計画だった。

債務超過の中での、まさに失敗できない博打であった。薄氷の上を歩くような、そんなサバイバルレースが始まった（幸か不幸か、筆者はそういう状況にはなれていたので全然怖くなかった。恐怖心が麻痺していたのかもしれない）。

いずれにせよ失敗はできない。話をもらってから、しばらくはアイディアを練る日々が続いた。

ここで当時の筆者が、実際に何をどのように分析したのかを振り返ってみよう。

まず、過去から現在までの自社に関わるコンテクストの分析を試みた。

具体的には、自社ブランド・ゲーム業界全体・ゲームジャンル・商品・業界メディア、と5項目に分けて、過去から現在までのコンテクストの分析をした。

**（1）自社ブランド：「イメージエポック」**

イメージエポックというブランドは、当時、会社設立から日も浅く、新進気鋭の若い会社として認知されていた。ディベロッパーとしては珍しく、オリジナルの企画をパブリッシャーに持ち込み、製品化を目指すスタイルをとっており、10万本級の成功実績があった。ゲーム体験としての作り込みの粗さは否めないまでも、キャラクター造形など、当時のユーザーが求める「商品」を作る力があるとされていた。ただし、ゲームユーザー全体に対する強い知名度はなく、潤沢なプロモーション予算があるわけでもなかった。しかし、数千人程度の熱心なファンの存在は確認できていた。

## （2）業界：コンシューマゲーム業界

続いて、業界の過去から現在に至るコンテクストをひもといた。

当時、コンシューマゲーム市場は、ニンテンドーＤＳやPlayStation®Portableなど、携帯用ゲーム機というカテゴリが主流を占めていた。据置機としては、PlayStation®3が普及段階にはあったものの、ＰＳ３における開発コストの高騰から、各メーカーはＤＳ、ＰＳＰという携帯用ゲーム機に注力する傾向があった。文字通りの過渡期であり、目立った動きも少なく、各メーカーはリスクを避けるように、こぞってＤＳやＰＳＰというリスクの低いプラットフォームで、既存シリーズの続編や外伝、亜流タイトルなどを販売していた。

DeNAやGreeが代表するモバイルゲーム市場は、拡大を始めていたタイミングであった。その一方で、コンシューマゲーム業界は停滞感に包まれていた。コンシューマゲームとしての新しい動きが、業界全体で望まれているような機運があった。

## （3）ゲームジャンル：コンシューマＲＰＧ（ＪＲＰＧ）

続いて、イメージエポックが得意とし、また開発を予定していたＲＰＧというゲームジャンルの、過去から現在までのコンテクストについて。

当時、日本のＲＰＧは、海外（北米・欧州）のユーザーから、ＪＲＰＧと呼ばれていた。ＪＲＰＧとは、Japanese Role-Playing Game の略称であるが、ここでのＪＲＰＧは蔑称である。自由度が低い一本道なシナリオ、低年齢な主人公、ターン制のバトルなど型にハマった古臭いＲＰＧを指す言葉だった。

ゲームメディアの記事や個人ブログなどを通して、海外ユーザーが我が国のＲＰＧを揶揄してＪＲＰＧという蔑称を用いていることは、情報感度の高いユーザーを中心に知られていた。そういったユーザーの論調としては、「外国人には日本のＲＰＧの良さはわからないんだ。外国のＲＰＧなんて作りが粗くて遊べたものじゃない」など反発する意見が多かったように思う。同時に、外国のＲＰＧ（ＷＲＰＧと呼ばれた）の良さを学び、ＪＲＰＧも進歩しなければ、といった意見も見られた。いずれにせよ、国内ＲＰＧファンや業界人を中心に、忸怩《じくじ》たる思いが渦巻いていたのは間違いない。

### （4）商品

次は実際に発売を予定していた商品についてだ。

複数のＲＰＧ作品のリリースが予定されていた。タイトルのうちいくつかは、まさに文字通りのＪＲＰＧであった。ＪＲＰＧと呼ぶには少し意欲的な挑戦をしている作品もあったが、多少乱暴にＪＲＰＧとしてまとめることは可能であるように思えた。

### （5）ゲームメディア

周辺メディアのコンテクスト分析も忘れてはいけない。

２０００年代のはじめにはゲームメディアの凋落《ちょうらく》が始まっていた。２０１０年代に入り、ゲームメディアが勢いを盛り返すことはなかった。第三者の意見としてのゲームメディアにおける記事は重要であったが、爆発力はなく、頼り切ることはできなかった。

一方で、当時のニコニコ動画はイノベーティブなゲームユーザーが注目するメディアであり、最盛期を迎える寸前だった。発表を予定していた商品の一つは、ニコニコ動画生まれのＩＰタイトルであった。

**図表2-1　過去から現在までのコンテクスト分析**

| 要素 | コンテクスト分析 |
|---|---|
| 自社ブランド「イメージエポック」 | •オリジナル作品(主にRPG)を開発する新進気鋭の若い会社として認知<br>•10万本級の成功実績<br>•キャラクター造形に評価<br>•熱心なファンは存在 |
| コンシューマゲーム業界 | •据置機向けソフトの開発費が高騰し、携帯用ゲーム機向けが主流<br>•モバイルゲーム市場が急速に成長<br>•業界全体に停滞感<br>•新しい動きや挑戦は歓迎される風土 |
| コンシューマRPG(JRPG) | •欧米ユーザーからの蔑称としてのJRPG<br>•国内RPGファン・業界人の中で忸怩たる思い<br>•一方、間違いなくファンが存在するジャンル |
| 商品 | •JRPGを中心としたラインナップ |
| ゲームメディア | •ゲームメディアの凋落が進む<br>•販促を考えるにあたって頼り切ることはできない |

これで過去から現在までのコンテクスト分析が揃った。

図表2−1にまとめてみよう。

このように当時の筆者は、自社のブランドから周辺メディアに至るまでのコンテクストをひもといて、状況の理解に努めた。

……と、ここまでの実例が、本章で紹介する「コンテクストの理解」の具体例である。

当時の筆者は、ここまでの分析結果を基に「この先どうすべきか?」を提案し、実施する立場にあった。

だから、当時の自分としてはこの分析で「中間地点」だ。過去から現在までのコンテクストを踏まえて、「未来に紡ぐべきコンテクスト」（この用語の解説は次章に譲りたい）を定義していく必要があった。

要は過去・現在まで続いている様々なものを踏まえ、どのような未来につなげるのかを決める必要があったのだ。これらの具体的な作業については次章で語りたい。

## 「何を」伝えればいいのか？

さて、ようやく本章の結論をまとめられそうだ。「何を」伝えるのか。それは商品（モノ・サービス）を理解すればおのずと見えてくる。

商品を理解するためには3つのステップを踏むと述べた。

（1）テーマを理解する
（2）構造を理解する

### （３）コンテクストを理解する

テーマを理解し、構造を理解する。そして商品を取り巻くコンテクストを理解する。この段階を経ることで、商品を理解した上で、ユーザーが置かれている環境、ユーザーが興味を示すであろう要素が見えてくる。それらを重ね合わせることで、商品のテーマからブレず、どの要素を抽出してユーザーに伝えればよいか、が見えてくる。

今一度、「ドラクエ」と「レッツノート」を例に挙げて解説しよう。

「ドラクエ」のロト三部作のテーマは「コンピュータＲＰＧの面白さを伝える」であった。構造分析はすでに行い、構造と要素についての抽出は完了している。

であれば、「何を」伝えればよいのかは、見えてくる。

まずは、Ｉが発売される時点でのユーザー・コンテクストを考えてみよう。

パソコンのゲームとしての「ウィザードリィ」や「ウルティマ」は発売済みであったが、**ファミリーコンピュータを遊んでいるユーザーにおいては、ＲＰＧというジャンルそのものが未体験であり、未知の領域**であったはずだ。

とすれば、**ＲＰＧの概念の説明、というか啓蒙が「伝えるべきこと」の中核**になるだろう。

ＲＰＧの概念そのもの、そしてそれを構成する要素（これはドラクエⅠを構成する要素そのものと言ってもいい）を丁寧に興味深く、伝える必要がある。まさに「ドラクエⅠ」におけるユーザー・コミュニケーションは、「ファミコン神拳」という媒体を用いつつ、それを行っていたはずだ。

では、「ドラクエⅡ」ではどうだろうか。

ロト三部作のテーマは「コンピュータＲＰＧの面白さを伝える」であり、「ドラクエⅡ」は「ドラクエⅠ」の構造を引き継ぎつつ、先行するコンピュータＲＰＧにその複雑さを近づけたものになっている。また、「ドラクエⅠ」で日本のユーザーは熱狂し、ドラクエファン（ＲＰＧファン）と言ってもいいユーザー集団が誕生していた。であれば、彼らに対し伝えるべきことは明白だ。「ドラクエⅠ」と「ドラクエⅡ」の違い。すなわち、どのように変化し、アップデートしたか。それが「ドラクエⅡ」において、消費者に伝えるべき内容である。「ドラクエⅡ」の発売により、「ドラクエ」人気は更に加速した。と、考えれば、「ドラクエⅢ」も同様である。「ドラクエⅡ」からいかに変わったのか。いかにアップデートしたのか。いかに複雑化されたのか。それが、伝えるべきことのはずだ。

さて、「レッツノート」はどうであろうか。

実は、「レッツノート」が重視しているのは法人の顧客である。具体的に言うと、企業のＩＴ部門（購買担当）が主要な顧客である。そのため、パナソニックは法人顧客向けの工場見学というコミュニケーションの施策を行っている。大企業の購買担当者が納得し、購入に至れば、億単位の取引となる。実に合理的なコミュニケーション手法だと思う。

では法人顧客を相手に「何を」伝えるべきか？　それは「レッツノート」の「ビジネスにおける信頼性」だ。法人顧客のあらゆる部門のあらゆるビジネスシーンに対応できるスペックを備えているのだと、見せればよい。

実際に工場見学では、レッツノートの上に座ってその堅牢さを確認する場や、76センチの高さからレッツノートを落とすコーナーなどを用意している。いずれも「堅牢性」を体験してもらい「ビジネスにおける信頼性」を感じてもらうためのコミュニケーションである。

同社のウェブサイトで謳っている「レッツノート」のコンセプトとは次のようなものだ。

**「ビジネスを止めないという決意。」**

これは「ビジネスにおける信頼性」を構成する要素と直結する非常にシンプルなコンセプトである。あらゆる（メジャーな）端子を備えているのも、ACアダプタを持ち歩かなくても1日バッテリが持つのも、そもそも壊れにくいのも、テーマに沿った要素であることが改めてわかると思うし、それをストレートに伝えているのが「レッツノート」のコミュニケーションの特徴と言える。

なお、前述したとおり「レッツノート」は明確に、デザイナーや動画クリエイターなどの需要を受け止めようとしていない。他のオールインワンパソコンと比較すると、明らかに液晶の解像度、美しさは劣るし、スピーカーの性能も劣る。つまり、想定ユーザーを一般的なオフィスワーカー（マイクロソフトオフィスを使う人たち）と定義しているのだと思う。その証拠として、レッツノートのウェブサイトで出てくるユーザーイメージは、黒い革靴を履き、白いYシャツを着てネクタイを締めたいわゆる「ビジネスマン」だらけだ。これも、テーマに沿ったコミュニケーションであると言えるだろう。

新品のモバイルパソコンが数万円で購入できる時代に、最低でも20万円程度はする「レッツノート」がシェア1位を維持し続けていることからも、これらのコミュニケーションが的外れでないことは確かだ。

消費者に「何を」伝えるべきか迷ったら、まずは商品のテーマを理解し、構造を理解することに努めよう。その上で商品を取り巻くコンテクストを分析していけば、商品のテーマからブレずに消費者に伝えるべき要素を見つけることができるだろう。

第3章

# 「どのように」伝えるのか？

## 文脈を読み
## 順番を組み立てる

## 商品と消費者の対話=ユーザー・コミュニケーション

モノやサービスを売ろう。

では、どのように売ろう？　どんな宣伝をしよう？　と考え始め、具体的にやる施策から発想をするのを、一旦やめてみよう。

具体的な宣伝施策を個別具体的に考えていく前にやるべきことがある。「何をやるか」を先に考えてはならない。

行うべきは、**「どのように」伝えるのか、を考えることだ。**「コミュニケーション全体を通してどのように伝えるべきか」という大枠を考える作業が、まず必要だ。

コミュニケーション全体のプランニングである。

第1章では、「誰に」伝えるのか？　について述べた。

第2章では、「何を」伝えるのか？　について述べた。

この第3章では、それらを踏まえ「どのように」伝えるのか？　ユーザー・コミュニケーションの組み立て方（プランニング）と、それに基づいた実際の施策の組み立て方について述べていきたい。

最初にお伝えしておきたいのだが、本章で取り上げるユーザー・コミュニケーションとは、消費者（受容者・ユーザー）と商品（モノ・サービス）の対話である。

対話とは、商品からのメッセージを発信（アクション）し、それを受け取った消費者が反応（リアクション）し、それらを見て、再度商品からのメッセージを発信する、このやり取りの繰り返しのことである。

そして、第1章で紹介したブランド・ロイヤルティ（＝ユーザーが持つ愛着の度合い）を向上させるための活動でもあることを視野に入れなければならない。

## ユーザー・コミュニケーションを組み立てるための3つのステップ

ユーザー・コミュニケーションをプランニングするにあたっての手順は次のようになる。

それぞれ解説をしていくのでご覧いただきたい。

図表3-1　過去から現在を分析し「地点A」を定める

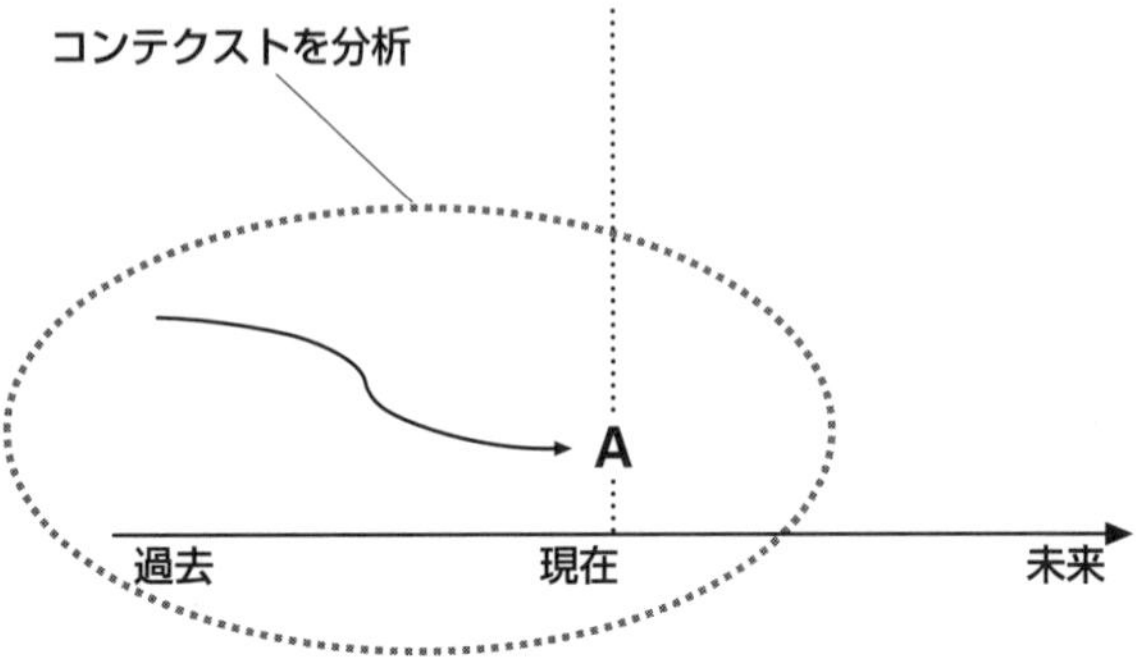


出典：著者作成

## ①コンテクスト分析から「地点A」を決める

第2章では商品（モノ・サービス）を理解するために「テーマ・構造・コンテクスト」という3つの視点からの分析方法を挙げた。中でもコンテクストを分析することで、商品の現在地点（現状）が見えてくる。現時点での強みや弱点、商品の周辺にある課題が洗い出された状態になっているだろう。

これがユーザーとのコミュニケーションの「スタート地点」であり、「地点A」である。図表3-1を見てほしい。過去から現在にいたるまでのコンテクスト（文脈・脈絡・状況・背景）を分析し、地点Aを見出すためのイメージ図になっている。

なお地点Aは現在地点であるが、単純な現

**図表3-2　望ましいコンテクストを備えた「地点B」を定義**

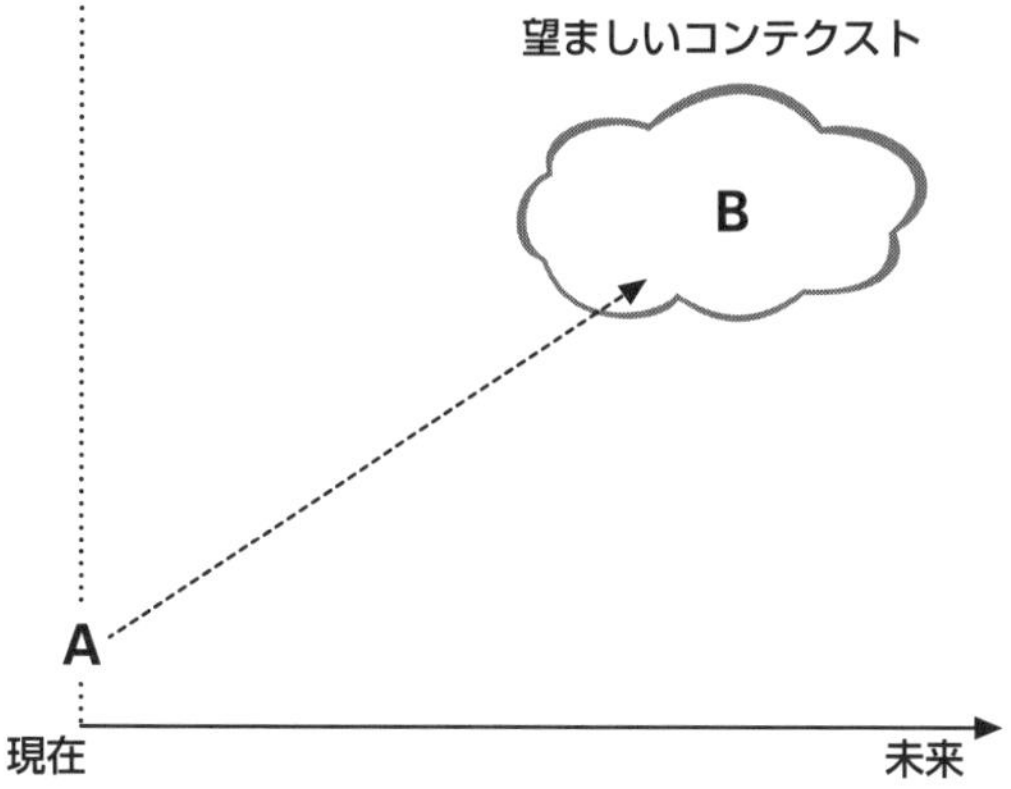


出典：著者作成

状把握ではなく前提として商品の理解が必要不可欠であると付記しておく。

特にテーマを理解していないと本章の後半に出てくる消費者との対話の際に、適切な振る舞いができなくなるので注意が必要だ。

**②理想的な状態を定義し「地点B」を決める**

次に、商品にとって望ましい未来を定義する。「こんな風に将来なりたい（なってほしい）」という未来の理想図を描き、目指すべき「ゴール地点」である「地点B」を決める。「地点B」とは理想の未来であり「地点A」で抱えている様々な問題をクリアした状態と言える。

**「地点B」にいる商品には、「地点A」には**

**なかった望ましいコンテクスト（文脈・脈絡・状況・背景）が備わっているだろう。**

図表3－2を見てほしい。現在置かれている地点Aから、目指すべき地点Bが定義され、地点Bを望ましいコンテクストが取り巻いている。

地点Bに至るためには、望ましいコンテクストを理解しておく必要がある。「商品とその周辺が抱えていた課題を、最大限に解決した状態」と言えるだろう。

商品にとって望ましいコンテクストは何か？　関わる人たちにとって、望ましいコンテクストは何か？　両者にとって理想的な未来の状態を満たした時、「地点B」へと至れるはずだ。

### ③「地点A」から「地点B」に到達するためのシナリオを描く

「スタート地点」と「ゴール地点」が定まったら、両者をつなぐシナリオを描こう。シナリオとはこれから行うユーザー・コミュニケーションのあらすじのようなものだ。「地点A」から「地点B」をつなぐ道筋を描くものであり（図表3－3参照）、シナリオなくして具体的な施策（アクション）の話はできない。

シナリオは、「地点A」と「地点B」の距離によって、その長さが変わってくる。シナリ

**図表3-3 「地点A」と「地点B」をつなぐシナリオを描く**

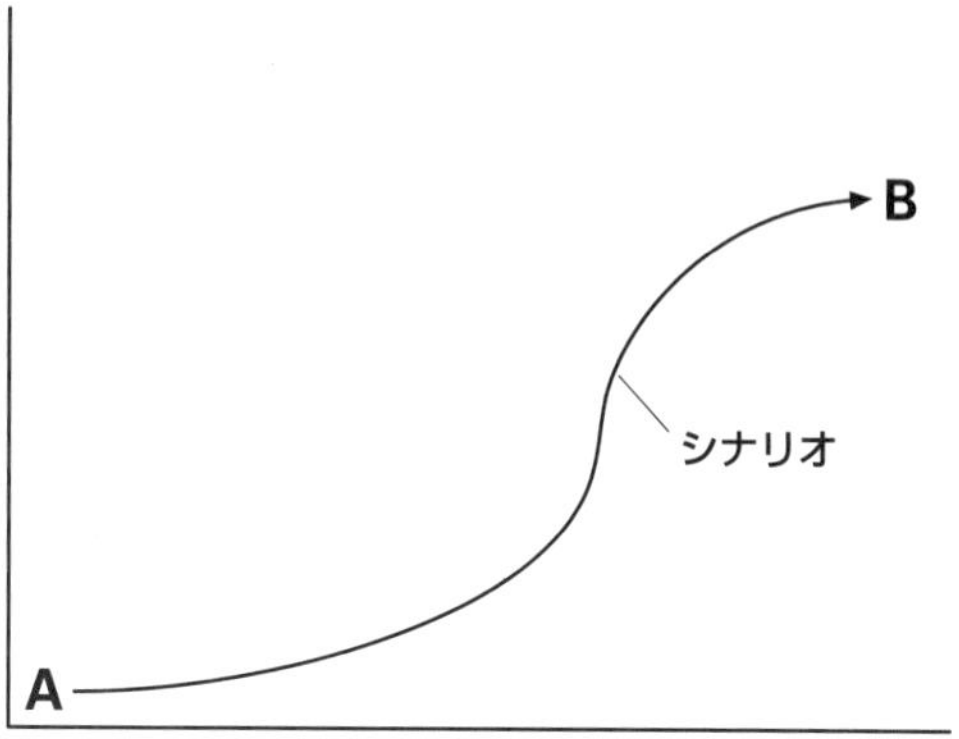


出典：著者作成

オの長さとしては、数年がかりのこともあるし（AからBに至るまでに数年かかるということ）、極端なことを言えば1秒で終わることもある。

実際に行っていく施策（アクション）については次項で述べるが、いずれもここで描いたシナリオに沿って実施していく。ユーザー・コミュニケーションを組み立てる3ステップから、アクションプランニングに至るまでの概念図は図表3-4に示したので参照してほしい。

なお実際のシナリオ例、及びアクションプランの実践例として、前章で挙げた「JRPG宣言」の続きを本章後半で紹介するので、このまま読み進めていただきたい。

**図表3-4　ユーザーコミュニケーションの3ステップからアクションプランニングへ**

❶ 商品を理解した上でコンテクストを分析し、「地点A」を決める

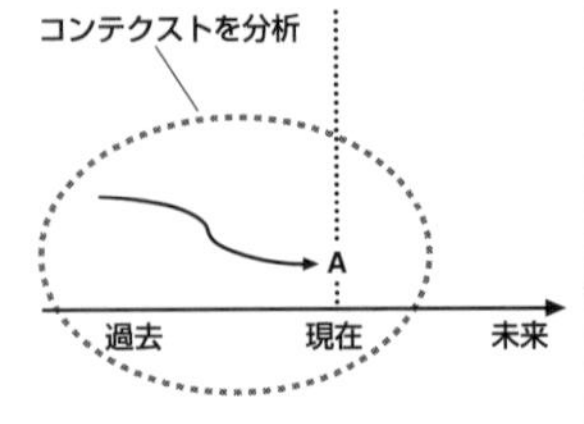


❷ 未来において望ましいコンテクスト、理想的な状態を定義し「地点B」を決める

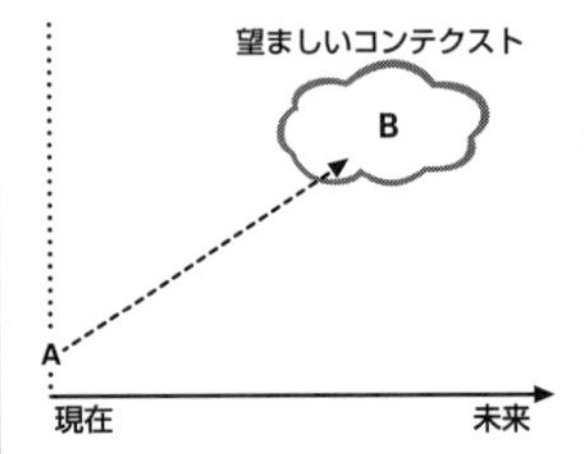


❸ 「地点A」から「地点B」に到達するためのシナリオを描く

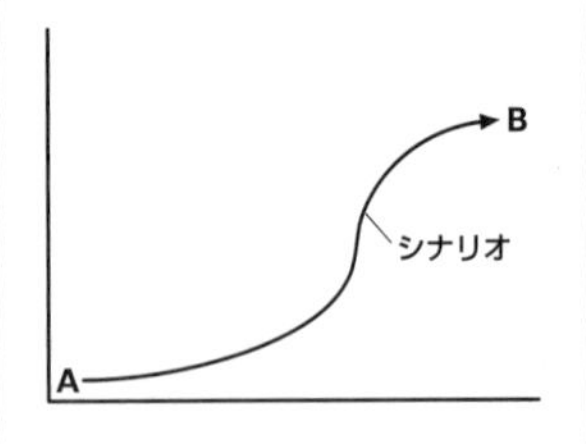


❹ シナリオ（A→B）を実現させるためのアクションプランニングを行う

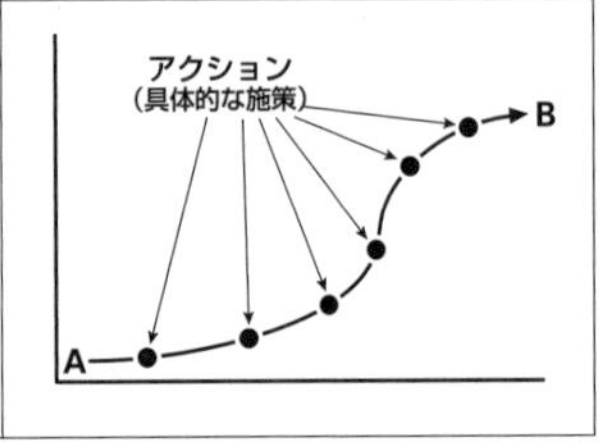

## ユーザー・コミュニケーションの実践方法

「スタート地点」から「ゴール地点」に到達するためのシナリオが書けたら、それを実現するためのアクションプランニング（具体的な施策の組み立て）に移ろう。

### 順番が勝敗を分ける

ここで最も重要なのは、何をするか（アクション・施策）ではなく、**何をどの順番で行うか**、である。なぜならば、**アクションの度にコンテクストに変化が生まれる**ためである。

ここではユーザーの態度変容も含まれる。そのため、**順番の設定こそが大きく成否を分ける**ことになる。

次に、アクションプランニングを成功させるための5つのポイントをまとめるが、この中で最も重要且つ違えてはならないのは、「情報を出す順番は正しいか？」である。

## アクションプランニングを成功させる5つのポイント

### ①ターゲットを絞り込む

第1章の最後に「ターゲットを絞り込んでいくのは、具体的なアクション（施策）の定義の時でいい」と書いたが、それがここだ。

第1章、第2章の作業で「誰に」「何を」伝えるのかが見えてきたところで、いよいよ「ターゲットの絞り込み」を行う。つまり「当該施策において最初に話しかける相手は誰か」を絞り込む、ということである。これは施策ごとに毎回行う。施策ごとに内容やメッセージ、そして用いるメディアが異なるはずだ。当然、ツイッターを使った施策とインスタグラムを使った施策とでは、最初に話しかけるべきターゲットは変わってくるはずである。

### ②期待する態度変容の具体化

そのアクションを実行することで、ターゲットユーザーに対して期待する態度変容とは一体なんなのか。アクションをする前のユーザーの態度をAとするならば、期待する変化によって生まれる態度Bは何であるのか。AとBを可能な限り具体化しておくことが重要である。たとえば「A：商品やブランドについて全く認知をしていない状況」から、「B：商品やブランドについて知っており、興味を持っている状態、追加の情報が欲しいと思う状態」など、である。

**③望まない態度変容（リスク）の確認**

期待する態度変容とは裏腹に、望まない態度変容が起こるリスクがある。少なくともゲームのプロモーションにおいて最も恐れるべきは、そのプロモーションに触れたことによって、ユーザーが「興味なし」の状態になることだ。これが発生した場合、当該ユーザーは、以後ターゲットとしては望めなくなる。その施策がユーザーに与える望まぬ態度変容（リスク）は、許容できる範囲内であるかどうか。そして、アクションにおける表現の変更等で回避可能、あるいはリスクを低減できないかどうかを真剣に考えておきたい。

**④情報を出す順番の確認**

最も重要なポイントだ。そのアクションを行う順番（タイミング）は正しいか？　コンテクスト（ユーザーの状況、すでに発表している情報との整合性等）はつながっているか？
前掲①～③を踏まえ、場合によっては他の施策と順番を入れ替えたり、またアクション内容の変更も考えたほうがよい。

**⑤上記４つを、全アクションの度に考え、定義し、ブレずに実行する**

これまで述べてきた４つのポイントは、すべてのアクション（施策）の組み立てと実行の際に考慮すべき項目である。アクションを行う度にコンテクストは変化する。**事前の予定通り物事が進むことは多くはない。**アクションを行う度に考え、定義し、毎回ブレずに実行し続けることが大事である。

ここまで実施して、ようやく、我々は正しい仕事ができる。

## 実践例「ＪＲＰＧ宣言」続き

さて、第２章で触れたイメージエポックの事例の続きである。前述した「地点Ａ」から

「地点B」への実際のシナリオと、アクションプランの実践例でもある。

第2章では、イメージエポックの置かれた状況とそれを取り巻くコンテクスト、過去と現在のコンテクストを分析した。つまり「スタート地点」である「地点A」を明確にした。

本章では「ゴール地点」である「地点B」を定義し、「地点B」に備わっているコンテクストや、そこに至るまでのシナリオを描く。

その上で、実際の施策に落とし込むアクションプランニングを行う。

「地点B」に備わっているコンテクストとは「地点A」の商品にとって「未来に紡ぐべきコンテクスト」と言えるだろう。そこに至るためのアクションは、**「一度により多くの課題を解決してくれるもの」**であるはずだ。

## 過去・現在を踏まえて未来を紡ぐ

話をイメージエポックの例に戻す。

まず、当時のイメージエポックのゴール地点、「地点B」が何であったのかを説明したい。

当時の筆者の最大のミッションは、ユーザー・コミュニケーションの立案以前に、「自社パブリッシュ事業を成功させること」であった。端的に言えば「一本でも多くの自社製品を売ること」である。ここから逆算して「地点B」を定義していく。

コンシューマゲームは業態上、製品をユーザーの手に届ける前に、流通に仕入れてもらわねばならない。流通に仕入れてもらい小売店に卸してもらわねば、製品を買ってもらう機会を失うからだ。流通のバイヤーは、これまでの実績をベースに仕入れの数を考慮するのが通例であり、実績などない新規パブリッシャーの製品を流通に仕入れてもらうということが、まず難しい。圧倒的に不利な戦いだ。

だが当時のイメージエポックは、実績がない状態で、期待値のみで商品を仕入れてもらう必要があったのだ。となると、ユーザー・コミュニケーション上の「地点B」が見えてくる。

ずばり、**「イメージエポックの将来に強い期待を持ってもらうこと」**、である。この会社を期待して応援しようと思っていただく。応援までいかなくとも話題にしてもらう。その結果として流通各社におけるイメージエポックの製品に対する事前の期待値が高まり、自社製品を仕入れていただける、ということになる。

「地点B」を定義できたら、次は「地点A」から「地点B」に至るための課題を整理しよう。前章で読み解いたコンテクストから、当時のイメージエポックが抱える2つの課題が読み取れる。

**課題1：知名度の欠如**

イメージエポックのオリジナル作品を評価してくれる「ファン」と呼べる層は一定数存在していたものの、一般ユーザーに対しては知名度が圧倒的に足りていなかった。

**課題2：少ない予算**

パブリッシャーとして再スタートを切るにあたって潤沢なプロモーション予算があるわけではなく、手段は限られていた。

また、イメージエポックが身を置くゲーム業界が抱える課題も、コンテクストの整理から見えてきた。

**業界の課題1**

業界全体を覆う停滞感（技術的に過渡期の状態。大きな変化は訪れない）

**業界の課題2**

ＪＲＰＧへのワールドワイドでの逆風

これら「地点A」での課題を踏まえ、「地点B」が持つ「紡ぐべきコンテクスト」についていく。つまり「地点A」で抱える課題をできるだけ多く解決した「地点B」に備わっているコンテクストについて考えていく。

**イメージエポックの紡ぐべきコンテクストとは**

当事の筆者は、イメージエポックが目指す「地点B」には、次の2つの紡ぐべきコンテクストが備わっているはずだと考えた。

【紡ぐべきコンテクスト1】

**イメージエポック社は、停滞感に喘ぐ業界に新風を巻き込む存在として認知されている。**

**そのため業界内やユーザーからの応援を受けている。**

パブリッシャーとしてのイメージエポックを、業界の停滞感を打ち破る「新しい動き」と受け止めてもらえれば、停滞感に対する業界全体からのニーズに応えることになる。広く応援してもらえることで、業界の課題である「停滞感」の打破と同時に、自社の課題である「知名度向上」も叶えられる可能性が高い。

**【紡ぐべきコンテクスト2】**

**蔑称として用いられていたＪＲＰＧという言葉の再定義をイメージエポックが行い、強い注目と国内ＲＰＧファンからの応援を取り付ける。**

イメージエポック社が、コアなファンだけでなくＲＰＧファンにとって無視できない存在となるために、ＪＲＰＧの再定義を行う必要がある。当時、蔑称として海外で使われていたＪＲＰＧという言葉をブランドの中核に持ってくることで、強い注目（と反発）をもとに、話題を最大化できる可能性が高いと考えた。

国内ＲＰＧファンが抱えている「ＪＲＰＧ」という蔑称への相反する感情（反発と容認）のどちらにも刺さる宣言をすることで、多くのファンの耳目を集め、またＪＲＰＧへの世界的逆風に向き合う自社のスタンスを、国内ＲＰＧファンに対して打ち出すことができる。

業界内の課題である「ＪＲＰＧへのワールドワイドでの逆風」に一石を投じ、ファンを獲得し、自社が求める「話題の最大化」も叶えられると考えた。

## シナリオ実例と施策の順番

これで過去から現在、そして未来に紡ぐべきコンテクストが明らかになった。ではＡとＢをつなぐシナリオを実際に描いてみよう。

### シナリオ実例

まずは「パブリッシャー化」の情報価値を最大限活用し、イメージエポックの知名度を一挙に高める。その際、注目度を高めるために「ＪＲＰＧ」をテーマにしたものとする。パブリッシャー化の発表をメインに据えるのではなく、「ＪＲＰＧ宣言」をメインに据えたものにする。

届ける相手は現時点でイメージエポックをフォローしてくれているファン、メディア、日本・アジア圏に影響力を持つゲーム系のアルファブロガー、実際に商品を陳列してもらうためには欠かせない流通関係者らだ。彼らに、今後のイメージエポックの展開に強い期待を持ってもらうことを目指す。

もちろん、予定している具体的なゲームタイトル（商品）をあわせて発表することで、「ＪＲＰＧ宣言」に実体を伴わせると共に、その後各タイトルの販促活動に寄与させる必要もある。

意義を中心とした発表会とすることで、パブリッシャー化したイメージエポックに強い関心を持ってもらう。特に、発表会に招かれた流通関係者においては、無視してはならないブランドであると強く感じてもらう必要がある。

### 施策の順番

シナリオは前項のようなものだった。では、「ＪＲＰＧ宣言」で実際に行った施策と、その順番について述べておこう。前項と照らし合わせながら読んでいただければ幸いである。

#### ①イベントタイトルの決定

まず、蔑称だったＪＲＰＧをブランドの核に設定し、発表会の名前は「新作発表会兼ＪＲＰＧ宣言決起会」とした。単なる新作発表会や新ブランドの説明会にとどまらない、自社のコンセプトを前面に押し出したイベントタイトルにし、業界内での事前の話題性を高めた。

### ②メディアの設定

つぎに、発表会を行うメディアを、ニコニコ生放送に設定した。当時としては、ゲームメディアでの発表を先行させたり、リアルイベントを中心に行うことが常識だった。しかし最大限の拡散と、ユーザー・流通双方に強い期待感を抱いてもらうために、自社が主催するイベント（及び生放送）での情報出しを優先し、ゲームメディアに関しては、後日の記事掲載とした。

### ③イベントへの招待（BtoC向け）

実際にアプローチすべきは、すでに「イメージエポック」に愛着を持ってくれている人々である。彼らは「ＪＲＰＧ宣言」を肯定的にとらえ、情報拡散の発火点になってくれるだろうと考えた。そのため、イベントの開催発表時点で、観覧の希望者を募り、当選者に対しては、招待状を送付した。観覧希望者であるという時点で、ＪＲＰＧ宣言を前向きに拡散してくれることが期待できる（期待する態度変容に適っている）し、望まない態度変容が起こる可能性も低い。

### ④イベントへの招待（BtoB 向け）

「ＪＲＰＧ宣言」が解決すべき課題としては、BtoC と BtoB の二要素があった。そのため、イメージエポックのファン層だけでなく流通関係者も会場に招待した。流通関係者に期待する態度変容は「イメージエポック社の将来に高い期待を持ってもらう」だ。そこでイベントの発表内容を見終え、将来の商品展開に期待をもって帰宅してもらえるようなパフォーマンスを、イベントの最後に仕込むことにした（種明かしは後述する）。流通関係者に列席してもらうことで望まない態度変容が起こる可能性は、③ほどではないが高くないと考えた。

### ⑤事前の宣伝

イメージエポックのファンではないが、ＲＰＧ好きのユーザーや新作タイトルや業界の動向に敏感な層にも事前にアプローチしておきたい。そこでイベント自体を話題化するための出稿として、ニコニコ動画でＪＲＰＧという（当時としては煽りの）キーワードを用いた動画広告を出稿し、当時ニコニコ動画に存在（滞留）していたイノベーティブなゲームユーザーに興味を持ってもらった。この層に望む態度変容は「とにかく話題にしてもらう」であったので、否定的な意見もリスクとは考えなかった。

### ⑥「新作発表会　兼　ＪＲＰＧ宣言決起会」を開催

実際に発表した「ＪＲＰＧ宣言」のメッセージ全文は、以下のようなものだ。

ＪＲＰＧは不要なのか？　Is JRPG unnecessary?

ＪＲＰＧは古臭いのか？　Is JRPG old fashioned?

ＪＲＰＧにはもう飽きたのか？　Did you get tired of JRPG?

私たちは、そう思わない！　We do not think so!

２０１０年11月24日、ＪＲＰＧは2nd Stageへ

今見ると青臭いし、煽りに煽っているのが鼻につくが……、言いたいことはストレートに伝わるので、悪くはないと思う。

### ⑦イベント会場でのBtoB向けパフォーマンス

前述したが同宣言を発表することで、BtoBの営業を円滑するための狙いもあった。そこで、流通をお願いしたセガの営業チームの皆様にもイベント会場に来ていただいた。

発表会終了後、流通関係者が退席すると、セガの営業チームとイメージエポックの主要メンバーが勢揃いで送り出すという趣向だ。イベントの発表内容を見終え、将来の商品展開に期待をもってもらった後で、新興パブリッシャー・イメージエポックと、老舗のセガが協力体制を築いていることを示すためのパフォーマンスであった。

### ⑧イベント終了後のインタビュー

イベント終了後、ゲームメディアでのインタビューを仕込んでいた。イベントを振り返りつつ、社長からのメッセージを消費者や業界に向けて発信するためだった。

## 限られたアクションで話題の最大化を狙う

以上、簡単に施策の順番についてまとめてみた。

イベントタイトルとイベント生放送を決め、真っ先にアプローチしたのは③で述べた通り、最も絆の深い受容者である。その後、「ＪＲＰＧ宣言」という概念に注目してもらうべく、ニコニコ動画内で出稿を行った（当時のニコニコ動画は、バナーを貼るだけで、数万人から十数万人以上のクリックを誘導する恐るべきパワーを持っていた）。これはまさに「煽り」であるから、この時点で賛否両論を含めて、ネット上では話題となった。

そしてイベント終了後。BtoBのイベントでもあった「ＪＲＰＧ宣言」の仕上げとしての、対流通向けのパフォーマンス。当時のイメージエポックが目指した「地点Ｂ」は「イメージエポックの将来に強い期待を持ってもらう」であり、実績のないパブリッシャーの商品を一本でも多く流通に乗せてもらい、パブリッシュ事業を成功させるのが当時に筆者の最大のミッションだった。それらを実現するためのイベントでもあり、対流通向けのパフォーマンスは、実はかなり重要だった。

その後、③で招待した受容者や⑦のパフォーマンスを受けた流通関係者が帰宅した後は、ゲームメディアでのインタビュー記事を含め、ネット上に掲載された記事が彼らを迎える。

①〜⑧の順番には挙げなかったが、無論、会場ではなく生放送で「ＪＲＰＧ宣言」を目撃した人は、彼らの意見をネット上に拡散させるだろう。イベント会場来場者がそれらに触れることで、より一層の情報拡散が期待できた。

こうした順番の設計を行うことで、限られたアクションで話題の最大化を狙ったのが「ＪＲＰＧ宣言」であった。

**知名度は一挙に向上**

２０１０年11月24日、「ＪＲＰＧ宣言」はニコニコ生放送で放送された。

パブリッシャー始めます宣言、でもあったため、流通関係者や既存のイメージエポックファン、メディア関係者、業界関係者などを含めて、６００名ほどを招待したと記憶している。発表会の放送は、当時のニコニコ生放送としては破格の視聴者数を生み出し、ブランドの知名度は一挙に向上した。当時の業界人やゲームファン（特にＲＰＧファン）は記憶に残っているかもしれない。

パブリッシャーの実績がない会社ながらも、流通はイメージエポックの製品を仕入れてくれた。「ＪＲＰＧ宣言」は成功したと言っていい。

以上が、イメージエポックが「ＪＲＰＧ宣言」を行うまでの流れであるが、この実例を「商業的成功を収めた話」として理解してほしくはない。

また、この実例は「施策の成功例」を述べたものでもない。

適切にコンテクストの分析を行い、順番を考え、アクションに落とし込んだ具体的な例として、読んでもらえたらと思う。

**当時のメンバーがあってこそ実現できた**

この話の終わりにもう一言だけ。「ＪＲＰＧ宣言」に至るコンテクストの整理とプランニングは筆者自身が行ったし、「ＪＲＰＧ宣言」の実施の指揮をとったのは当時の社長と筆者であるが、その実現や、発想のヒントをくれたのは、当時の社長をはじめとしたイメージエポックのメンバーであった。イメージエポックは２０１５年に破産し、２０１６年に消滅した。

しかし、イメージエポックに所属していたメンバー（筆者も含めて）の多くは、今でもゲーム業界で働いており、その後無数のヒット作品に様々な形で関わり続けている。少なくとも、元メンバーたちの国内のコンシューマ、スマホのヒットタイトルへの関与度は非常に高い。その一人一人を紹介することはしないが、もしこれを読んでいるあなたがゲームユーザーであった場合、そしてもしＲＰＧジャンルが好きであった場合、彼らがその後作ったゲームを遊んでいる可能性は高い。あの時、あの瞬間、手前味噌ながら、綺羅星のような人材が、たしかにあの会社に集まっていたのだ。20代の終わりに、あの会社に在籍できたことを、筆者は誇りに思っている。筆者が、理想のコンテクストを紡ぎ、シナリオを描き、実施まで落とし込めたのは、当時のメンバーの協力があったからに他ならない。改めて、イメージエポックとその関係者に御礼申し上げたい。そして、それを支えてくださった方々にも改めて御礼申し上げたい。

　また、発表会を見てくれた方、商品の情報に注目していただいた方、商品を買ってくださった方にも、重ねて御礼申し上げたい。

　そして、かつては完全な蔑称であったＪＲＰＧが、その後、意味合いを変遷させていき、ワールドワイドでの市場規模が、当時の10倍以上に育っていった事実については、筆者の力によるものではないにせよ、誇らしいことだと思っている。

## 失敗するプロモーションにありがちなこと

本書のここまでの内容を非常にざっくりとまとめると、次のようなものだ。

「プロモーションを成功させるためには、『誰に』『何を』伝えるのかを整理し、『どのように』伝えるのかコミュニケーションプランを練り、伝える情報の順番に細心の注意を払い、毎回確認しながら施策を組み立てる必要がある」

反対に、やりがち・失敗しがちなプロモーションというのも存在する。参考までに挙げておこう。

### （1）最初にターゲットの設定から入る

第1章でも触れたが、「新規・既存」「年齢」「性別」等の属性といった概念で最初にターゲットを設定してはいけない。

ターゲットは、理想のシナリオ作成後（本書では第3章の段階）に絞り込むべきだ。

まずコミュニケーションすべきは、常に「受容者」である。その上で、個別のアクション（施策）に落とし込む段階でターゲットを個別に精査すべきである。更に言えば、アクションの施行ごとにコンテクストには変化が生じる。その変化を見越した、時系列に沿った思考が必要である。

よって最初にターゲットの設定から入ることはせず、シナリオありきと考えたほうがよい。

### （2）具体的な施策から考え始める

消費者と商品（モノ・サービス）について理解を深めず、最初に具体的な施策から考え始めるのも危険だ。

たとえば「今度のプロモーションでは公式ツイッターをやりたい」や「専用の特設サイトを作りたい」という具体的な施策から発想すると、プロモーション全体が失敗に終わりやすい。

本章で書いたが、具体的施策を決める前に、ユーザー・コミュニケーションを組み立て、現在地である「地点A」と、目指すべき「地点B」を明確にすべきだ。

### （3）施策の順番より、組み合わせを重視する

これも致命傷になる。施策の順番を間違えると取り返しがつかない。一度離れた顧客は戻らない。施策の組み合わせ（たとえば「テレビＣＭ」と「駅中広告」と「公式ツイッター」等）が大事なのではなく、それら施策をどの順番で行うか、という点が重要だ。

### （4）トレンド、バズワードを追う

マーケティング業界におけるバズワードを追いかけ続けるのは自殺行為に等しいことが多い。新しいマーケティングノウハウを探し出しても、実施した時には周回遅れになっている。これは先人の発明やノウハウを軽視するという意味ではない。むしろ学べるだけ学んだほうがよい。学べることは過去のマーケティング事例や、伝統的な学問（社会学、人類学、哲学）にもある。

目新しいことを探すのではなく、常に本質に立ち返ろう、ということだ。

コミュニケーション上の課題を解決する上で必要なことこそ、考えるべきと思う。新しいノウハウを血眼《ちまなこ》になって探すよりも、根本的なところに立ち返ったほうがよい。

## 新しいテクノロジーには注目せよ

新しいテクノロジーが流通しだした時は注目したい。なぜなら、将来的には社会（生活）を変える可能性があるからだ。

日々テクノロジーは進歩しており、テクノロジーの進化は社会（生活）を変化させる。社会に変化が生まれると、望ましいマーケティング／コミュニケーションの形が変化する。しかし、テクノロジーオタクになれ、という意味ではない。社会や文化の変化にこそ、気をつけたい。

すでに存在するテクノロジーが、社会や文化の変化によって一挙に浸透することもある。社会や文化は急激には変化しないと思われがちだが、**我々の社会（世界）はこれまでの歴史の中で、一度たりとも不変だったことがない**。不変の価値観というものは存在しない（存在したことがない）。

社会の価値観の上で、我々の仕事（筆者の場合はコミュニケーションプランニング）が成り立っている。「社会の変化を察知する上で、テクノロジーの進化に注目しておこう」ぐらいの意味で受け取っていただけると幸いだ。

次の章では、テクノロジーの進化が社会を変え、情報摂取のあり方が劇的に変わり続ける現代において、実践的な考え方について述べたい。

第4章

# 現代で唯一ほぼ確実な情報の伝え方

in Minutes Operation™

## 3つのテクノロジーが社会を変えた

前章の終わりで「新しいテクノロジーには注目せよ」と述べた。直近の25年間で言うと、社会を明確に変革し、マーケティング（の手法）に大きな影響を及ぼした3つのテクノロジーがある。

### ①PCとインターネット

1つ目はPCとインターネットである。PCの普及は1990年代頃から急速に進んだ。PCの普及は仕事のあり方、コンテンツとの接し方を劇的に変えたが、それを大きく推し進めたのはインターネットだ。

1990年代中盤から普及しだしたインターネットが、マーケティングのみならず社会構造に大きな変化をもたらしたことは言うまでもない。特に、コンテンツ産業に与えた影響は非常に大きい。そもそもコンテンツという言葉は、「中身」という意味であり、商品化するには形を与える必要がある。具体的に言うと、メディア化する必要がある。インターネットの普及によって、小説・論文、音楽、新聞、映画といったメディア産業は破壊され、その形を変えざるを得なくなったと言ってもいいだろう。

**②携帯電話**

２つ目は携帯電話である。１９９０年代後半から一般へ普及し、人間の習慣を大きく変えてしまった。携帯電話普及以前、年齢で言うと30代中盤以降の人であれば、かつては誰かと待ち合わせをする際に、待ち合わせ場所を必ず決めていたはずだ。携帯電話の普及は、人類からこの習慣を消し去った。

**③スマートフォン**

３つ目がスマートフォンだ。スマートフォンを、携帯電話が直接進化したものだと捉えるのは誤りだ。スマートフォンは小型のＰＣであり、インターネットと融合することで生まれた。

スマートフォンの普及により、インターネットは本当の意味で生活に浸透し、「インターネットをする」という感覚を過去のものにしてしまった（インターネットは空気のようにあ

**図表4-1　テクノロジーが社会を変えマーケティングを変える**

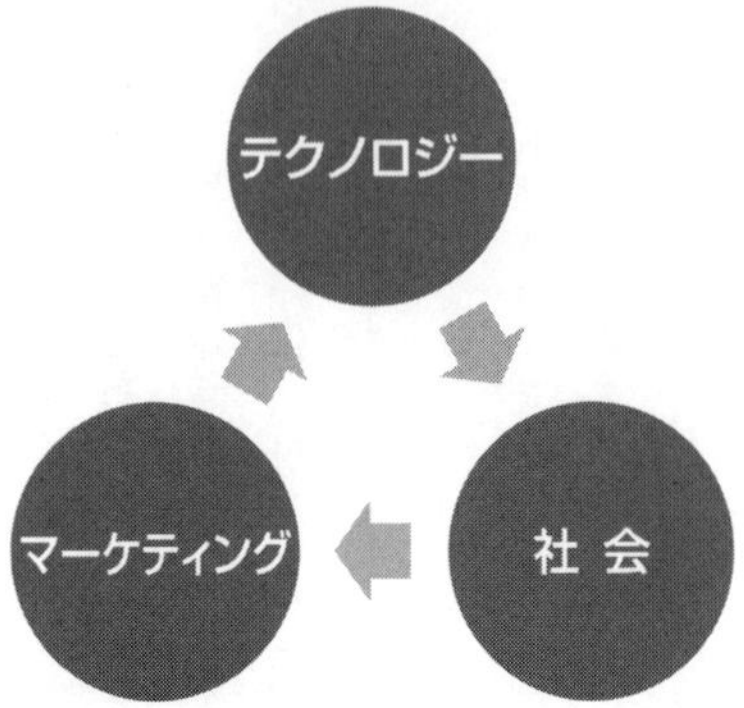


出典：著者作成

る。無意識に呼吸しているのと同様に、現代の人類は、「インターネットをする」という感覚をもう持っていないはずだ）。

携帯電話の時代にも、キャリア各社はインターネット機能を取り入れてはいたが、あくまで電話が主体であり、真に一人一人が持ち運ぶ小さなコンピュータと言えるものは、AppleのiPhoneを待つ必要があった。スマートフォンの普及により、ＳＮＳもまた急速に普及し、消費者における情報摂取のあり方を大きく変えてしまった。更に言えば、スマートフォンの普及により、生活における「電話をする」という習慣も急速に失われつつある。

このようにテクノロジーの進化（と普及）

は、人間の生活様式を一変させることがある。すなわち、テクノロジーの進化は社会を変える。社会が変わると当然のことながら、その上で動作するソフトウェアともいうべきマーケティングのあり方も、また変わっていく。

ではマーケティングはどのように変わったのだろうか。情報伝達という観点から述べてみよう。

## ＳＮＳでは、価値ある情報ほど瞬時に拡散され、急速に価値を失う

前述の３つの変化を経て、極度に発達を遂げたのが、Twitterを始めとするＳＮＳである。人々がスマートフォンを介して、常時インターネットに接続し、ＳＮＳを利用するようになったことで、情報の伝達速度が劇的に上昇した。

価値のある情報が、瞬時に拡散されるようになったのだ。

その一方で、情報の価値もまた急速に失われていくようになった。図表４-２に筆者の経験を基にした、情報の伝達速度と施策を考える際の時間の単位を年代別にまとめる。

２００５年まではインターネットは施策の主力ではなく、テレビや雑誌での情報公開がメ

**図表4-2　情報伝達速度と施策の単位時間の変化**

| 年代 | 説　明 | 単位時間 |
|---|---|---|
| ～2005年 | •「WEB」がまだ「オタクだけのもの」とされていた牧歌的な時代<br>•雑誌に記事を載せて翌週に公式サイトを公開、という時代が本当にあった……！ | Weekly<br>（1週間単位） |
| 2006年～2015年 | •マスメディアからクラスタメディアへの移行が起こった時代<br>•施策の単位が「1日単位」<br>•平均的な業界人の感覚はいまだにこのあたりにある | Daily<br>（1日単位） |
| 2016年～ | •高度にSNSが発達しユーザーの情報への接し方が変質<br>•価値ある情報は、瞬時に拡散され、分単位で価値が蒸発する<br>•価値がある情報は、発表されていない情報だけ | in Minutes<br>（1分単位） |

出典：著者作成

インだった。「雑誌に記事を載せて、翌週に公式サイトをオープン」という具合に、一つの施策から次の施策まで「１週間」を目安として、アクションプランニングをしていた。

それが２００６年頃から変化する。

ウェブ上にＳＮＳなどを通じてクラスタ(集団・群れ)が形成され、それらに向けた施策が増え始める。著者の肌感覚ではおよそ10年で、ゲーム業界のユーザーコミュニケーションはテレビ・雑誌からインターネットを通じてのものに軸足を移した。インターネット上での情報の拡散と消費は速く、アクションプランニングは「１日」単位で設計した。

そして２０１６年から現在。高度にＳＮＳが発達し情報への接し方が明らかに変わった。ＳＮＳを通じての情報の拡散・消費のスピードはかつてない速さで、一瞬で広まるが一瞬で価値を失う。体感的には「分単位」で情報の価値が蒸発していく。

## 「情報爆発」の現代で唯一ほぼ確実な情報の伝え方

情報伝達速度の変化はスマートフォンの普及率と相関性がある。２０１６年以降、スマートフォンの普及率は急上昇し、それに伴い主要ＳＮＳの利用率も上昇が続いている（第１章参照）。

情報の拡散速度が上昇していることについて、異論を挟む人はもはやいないだろう。一方、一度公開された情報の価値は急低下し、顧みられることが少なくなった。

「人の噂は七十五日」という諺は、スマートフォンもＳＮＳもなかった時代の感覚に基づいている。もはや、七十五日どころか、**「一日」噂が持つかどうかも怪しい。**

ＳＮＳの発達による変化はこれだけではない。そもそも、ＰＣとインターネットの普及時より発生していた「情報爆発」が、ＳＮＳの発達によって更に加速した。

２０００年頃より、日々生み出される情報の量が、消費可能な量を上回っているという指摘はなされていたが、その状況（過剰な情報供給と限られた情報消費量）は更に進んでいると見るべきであり、もはや生み出された情報を消費しきることなど、人類には不可能なのだ。届けたい情報は、適切な強度を持って届けないと、情報の海に埋没し、気づいてもらうことすらできない。

よって、価値ある情報を公開する際、コミュニケーションの口火を切り成功させるためには、**情報価値が新鮮なうちに最大限の拡散を狙う**ことが望ましい。

そのために、筆者は実際に、**分単位でプロモーションの施策を設計**している。

これを「in Minutes Operation」と呼んでいる。

## ――プロモーションを1分単位で設計、実行――

「in Minutes Operation」を実行する際、重要なのは文字通り1分単位のスケジュールを綿密に立て、正確に実行することだ。筆者は実際に、以下のようなアクションを分単位で順序立てて、正確に実行している。

・プレスリリース（ニュースリリース）の配信と、ニュースメディア等での記事露出
・ＷＥＢサイトの更新
・Twitter 等のＳＮＳサイトへの投稿
・YouTube 等の動画プラットフォームへの動画公開
・ＴＶＣＭのオンエアタイミング
・ライブストリーミング等の番組（での言及）
・雑誌や新聞、屋外広告の出稿

何かが孤立しないように、意味なく先行しないように、消費者に情報を届ける上で、コンテクストが連続した状態を維持するために、適切に順序を設計する。それを1分単位で設計し、実行する（場合によっては秒単位のこともある）。

ＴＶＣＭやライブストリーミングと書いたが、「in Minutes Operation」はまさしくこうしたリアルタイムのメディアを利用する時に相性の良い考え方であると思う。

## 勝敗を分ける「リアルタイム」と「順番」

情報生産量が消費量を遥かに上回っていると先に述べた。

過剰な情報の波に負けないようにする上で、情報発信を「リアルタイム」で行うという視点は非常に重要だ。**「リアルタイム」である時点で、他の「リアルタイムではない」情報と比べて優先して摂取する理由が生まれる**からというのが一つ。

もう一つの理由は、**「リアルタイム」で得た情報に対するリアクションを「リアルタイム」にシェアすることが当たり前の世の中になっている**からだ。

ＴＶＣＭは、宣伝手段がマスメディアだけではなくなった現代においてもなお、究極のリアルタイムメディアとして捉えることができる。ＴＶＣＭの投下「量」だけではなく、投下の厳密なタイミングについて考えてみることで、ＴＶＣＭはリアルタイムの宣伝手段として選択肢になり得る。

ライブストリーミング（ネット生放送）は非常にわかりやすい「リアルタイム」の情報発信手段だ。情報発信を行うタイミングを厳密に定義しやすいし、その他のＷＥＢ上の施策と連携もさせやすい。ライブストリーミングを見ながらＳＮＳでシェアをするという視聴方法はもはや当たり前過ぎるほど当たり前になっている。

雑誌媒体は「リアルタイム」という観点から考えると、正直使いづらい。ただ、印刷所から情報が漏洩することも視野に入れて、厳密な漏洩タイミングを把握できれば、「リアルタイム」に組み込んでもよいかもしれない。

屋外広告では、アナログの看板メディアは情報解禁タイミングを厳密に指定しづらいものの、デジタル映像メディアであれば「リアルタイム」での活用も可能だ。また、リアルな場所に掲示できることで「リアルタイム性」をより強調することもできる。

従来のメディアも「リアルタイム」という視点を加えるだけで、相当面白い使い方ができるようになるはずだ。

筆者は常に、ＴＶＣＭ、ライブストリーミング、屋外広告、ＷＥＢメディアなどを組み合わせて、「in Minutes Operaton」の観点からプロモーションを設計することにしている。

しかし、「in Minutes Operation」で重要なのはメディアの組み合わせではない。**アクションの順番**である。

「組み合わせ」ではなく「順番」が重要な理由については、第3章で述べた。なんらかのアクションを実施し、そのアクションを受け取ったユーザーには、何らかの形で態度の変容が起こる。アクションを起こす度に、コンテクストは変化する。アクションが1分単位であろうとも、受け取る前後で変化は起こっている。そのため「in Minutes Operation」でも「順番」が重要なのだ。

## 「覆水盆に返らず」

ユーザーと商品とのコミュニケーションは、アクションとリアクションの繰り返しである。第1章と第3章で触れたが、「最初にターゲットの設定から入る」のが誤りであることの理由にもつながる。アクションの実施ごとに、その都度コンテクストには変化が生じるのだから、最初からターゲットなど絞り込めるわけがないのだ。

今の時代においては、アクションとリアクションの繰り返しの中で、常に時系列に沿ったターゲティング思考が必要になる。そしてアクションの度にユーザー側では何らかの態度変容が起こる。態度変容が起こらなかった、というのもひとつの態度変容である。

この作用と関係は不可逆的である。

**一度発信した情報を、なかったことにすることはできない。**消費者の中で、ブランドのアクションは、ブランドヒストリーして記憶され、ネット上にもアーカイブされることになる。

更に、一度発信した情報は、それが大きく拡散された・されなかったにかかわらず、公のものとなることで価値を失う。**同じ情報を再度流したとしても、ユーザーから二度と同じリアクションを引き出すことはできないのだ。**

まさに「覆水盆に返らず」なのだ。

## 一瞬で最大の広がりを作る「in Minutes Operation」

商品とユーザーのコミュニケーション——、その鍵を握るのは、商品が有する情報をどうユーザーに伝えるか、にある。そして、情報の価値は、公開と同時に拡散力という点で失われてしまう。

だからこそ、**アクションの瞬間（情報公開の瞬間）に最大の広がりを作る必要がある。**

ここで「in Minutes Operation」のポイントをまとめておこう。

**・組み合わせではなく順番が大事**

アクションの組み合わせが重要なのではない。順番が重要である。それが分単位・秒単位で続く情報公開であっても、だ。

**・アクションによって態度変容（リアクション）が起こる**

第2章で述べたように、消費者に対して情報を発信（アクション）すると、多かれ少なかれ消費者側で態度変容（リアクション）が起こる。

これは不可逆的な現象であり、取り返しがつかないと強く認識しておこう。

**・綿密な行動設計と実施の徹底**

あらゆるアクションを1分単位で、実施の順番を含めて設計する。そして、それを正確に実施する。筆者が実施するコミュニケーションにおいては必ずこれを徹底しているし、会社のメンバーにも徹底をさせている。協力するクライアントにも理解をいただき、必要に応じて実施のサポートを徹底して行うことにしている。

実行に際しては全関係者の意識統一が必須だ。

あくまでさわりだけだが、たとえば、全くの新作のゲームを電撃的に告知し、話題にするための「in Minutes Operation」は以下のようになる。

○月●日

17時59分　WEBサイト公開
18時　ＴＶＣＭ放映
同時刻　発表及びサイトオープンについてツイート
同時刻　外部メディアにおいて一斉記事公開
18時２分　施策Ｂのオペレーションを開始

実際に実務に携わっている方ならわかるかと思うが、ここで重要になってくるのは、**複数の部署・機能の分単位での連携**である。

**異なるチーム、組織を分単位で有機的に連携させる**ことこそが肝なのだが、これはまた別の話。別の機会があれば、話すことにしたい。

## 負けられない博打で、負けないために

「in Minutes Operation」について説明をしてきたが、「なんでそこまでやるの？」と感じた方もいるかもしれない。

なぜそこまでやるのかと問われたら、3つの理由を挙げる。

1つ目は、市場の要因である。

「はじめに」で述べたように、ゲームは〝負けられない博打〟と化している。商業的成功を収めるためにもコミュニケーションで失敗をするわけにはいかないが、世の中にあふれる情報は、もはや消費可能な量を完全に超えている。そこに埋没してしまえば、商業的成功は危うい。博打に負けないためにも、コミュニケーションで負けない必要があるのだ。

2つ目は、ゲームという商品にかけられた労力と熱量に報いたいという思いだ。

あまりに多くの人たちの、途方もない作業時間が費やされているのがゲームという商品である。その製品やサービスのコミュニケーションの実施にあたっては、常に最善を尽くす必

要があると考えている。

３つ目は、信頼を裏切りたくないという個人的な思いである。筆者の顧客の多くとは、長年の付き合いがある。筆者を信頼してくれている人を裏切りたくない、というのが「in Minutes Operation」を徹底させることの理由である。

常にあふれる情報、変化する世界と戦うわけでもないのだが、常に負けないように振る舞い続ける必要があると思っている。やりきれずに失敗する、というのがとにかく最悪の結果だと思っている。

以上の考えに基づいて、オペレーションを精密化させていった一つの形が、「in Minutes Operation」である。

## 条件はゲーム業界以外の人も同じ

「in Minutes Operation」は、筆者が行っているユーザー・コミュニケーションを具体的に成立させるための（現段階での）到達点・解であり、その大前提として第１章～第３章の内容がある。

「誰に」「何を」「どのように」伝えるのか？

既存の概念にとらわれずユーザーと真摯《しんし》に向き合う時、真の対話が可能になる。

「in Minutes Operation」自体は筆者がゲーム業界で生き残るために生み出した手法だが、そのポイントは他の業界の方にも共通するのではないかと考えている。

**①組み合わせではなく順番が大事**
**②アクションによって態度変容（リアクション）が起こる**
**③綿密な行動設計と実施の徹底**

仮に分単位のプロモーションがなじまない業界であっても、インターネットが当たり前に存在し情報爆発が起こっている現代では、誰しもが同じ条件下に置かれている。

ユーザー・コミュニケーションはゲーム業界の専売特許ではない。

実際、「in Minutes Operation」をゲーム業界外で提案し、実施してみたことがある。ゲームとは似ても似つかない、オンライン教育の業界であったが、結果は明白であった。

このことからも、少なくとも本書で述べてきたユーザー・コミュニケーションの原則に則り、適切に運用がなされるのであれば、どの業界でも、通用する手法だと考えている。

第5章

# 「どこまで」届けられるのか？

## 海外まで、行けます

## 日本はしんどい

筆者は日本人であるし、日本語以外はロクに喋れないので、必然的に日本という国・地域がビジネスや生活の基盤となっている。そんな日本だが、コンテンツ産業という観点だけで見ても、国内市場だけでは先行きが暗いのは言うまでもない。慢性的な人口減は避けようがなさそうだし、今後劇的に経済的な拡張が起こる気配はない。日本の未来は多分、しんどいだろう。

ただ、筆者は悲観的な未来予測を述べたいのではない。国内市場に限界があることを認識した上で、海外市場、海外のユーザーとのコミュニケーションを模索することに、強い可能性を感じている、という話をさせていただきたい。

日本と海外では、まず言語が異なるし、文化も異なる。そのため、ユーザー・コミュニケーションをプランニングしようとしても、何もかも違うから土台無理！　と考える人が多いのではないだろうか。

しかし、日本のゲームコンテンツは、すでに海外市場で確固たる存在感を確保している。

これは、作り手の意図、企みが海外のユーザーにも適切に作用したということの証左でもある。

国内市場に限界がある以上、海外に打って出る需要が生まれてくるのは当然のことである。

では、作り手でない人たち……、筆者のようなユーザー・コミュニケーションのプランニングを生業《なりわい》にしているような、（広義での）マーケターは、国外市場へのコミュニケーションにおいて蚊帳《かや》の外に置かれるのだろうか。

## 日本人の感覚で作られた「面白い」コンテンツは海外でも通用する

結論から言うと、日本人が、日本人の発想と言語で組み立てたコンテンツを、日本人が海外に届ける（コミュニケーションする）ことは可能であると考えている。

ひとまず、筆者の実体験をお伝えしよう。

日本発の、世界でも有数のＲＰＧシリーズ最新作のＳＮＳコミュニケーションのコンサルティングを担当した時の話である。当初、筆者は日本国内のＳＮＳコミュニケーションのコンサルティングを受注したと認識していた。

最初に着手したのは、Twitterのフォロワー数を増大させる、というものだった。そのためのキャンペーンを設計し、提案したところ、国外拠点でも同様に実施したいという話になり、日本語・英語で同時に全く同じ内容のキャンペーンを実施することになった。当初、全く予定していなかったので泡を食ったのだが、筆者の設計したキャンペーンの企画内容を理解でき、筆者の書いた日本語を確実に英訳できるスタッフに参加してもらい、慎重に英訳を行って実施してみることにした。

英語圏、特に米国においては、ジェンダー表現、宗教的な表現、差別的な表現であると受け取られるとコミュニケーション上、致命的な問題を発生させる恐れがある。そのため、翻訳作業については極めて慎重に対処することにした。

北米消費者のコンテクストを詳細に分析し、彼らのコンテクストに沿った表現を心掛けたというわけだ。

翻訳を担当した方は日本人であったが、英語で小説が執筆可能なレベルの英語力を持ち、北米消費者のコンテクストを知悉《ちしつ》していた。

結果として、シリーズのファンのコンテクスト分析を反映し、更に英語圏のコンテクスト分析を行ってフィルタリングした上で設計したキャンペーンは、国内のみならず英語圏でも成功を収めた。

日本人も英語圏の消費者も、想定したとおりの反応を返してくれたのがうれしかったし、ゲームコンテンツへの愛は国境を越えて伝わるのだという確信に至るきっかけとなった。

他の例も挙げてみよう。

## 大成功した多言語でのライブストリーミング

筆者の経営するリュウズオフィスでは、ライブストリーミング施策（生放送）を、ゲームコンテンツの魅力を伝えていくコミュニケーション上の、重要な施策として位置付けている。ライブストリーミングのリアルタイムという特性から、前章で紹介した「in Minutes Operation」の中核的な存在でもある。

年間実施する数十を数える番組の中で、一度に数十万の視聴数を稼ぐ番組はいくつも存在する。YouTube Liveにせよ、Twitter の Periscope にせよ、ユーザーのリアルタイムのコメントが寄せられることになる。それらのコメントの中には、外国語（英語、中国語、フランス語）などが多く含まれることがある。

日本人が日本人向けに作っている生放送番組を、情報欲しさに日本語ネイティブではないユーザーがわざわざ視聴してくれているのだ。

たとえばこれを同時に英訳して放送してみたらどういうことが起こるだろう、と考え、何度か実験してみた。

結果としては、驚くべきほどに視聴数が増大した。彼らの言語に合わせて放送をしただけで、伝わる規模が拡大したということだ。情報の中身や伝える順番、編集（見せ方）を変えたのではなく、ただ言葉を外国語訳しただけ、というのが重要だ。

これは特定のブランドに限らず、複数のブランド、メーカーで同じように実施をしてみたが、常に同じ結果であった。


**日本人が日本人の発想と言語で組み立て、日本人の感覚で「面白い」と感じたコンテンツは、ほぼそのまま、外国に持っていっても通用する（ただし、文化圏や国ごとに文化がありタブーがある。その配慮は忘れてはならない）。**

本書の冒頭で、ゲームの価値は消費者の心の中にあり、企業が決めるものではないと述べた。この消費者には、外国のユーザーも含まれている。

消費者の一人一人がかけがえのないお客様である。日本の人口はますます減っていく。しかし海外において日本のゲームを愛するお客様は、実はたくさんいる。ブランド・ロイヤルティは国境も言語も超えて広げることができる。

基本的には、日本語で考え、日本語で組み立てたロジックを、英語または諸外国語で話す＝アウトプットするだけ、だ。

ちなみに筆者は、英語はからきしである。学生時代にきちんと勉強をしておけばよかったと後悔することしきりだが、そんな筆者であっても、外国のユーザーとはコミュニケーションがとれるというわけだ。

ゲームコンテンツのコンテクストを正しく理解し、正しい伝え方を設計するということは大前提ではあるが、それを諸外国のコンテクストに沿って正しく翻訳することができれば、きちんと伝わるのだ。

あなたが日本でやっていることが正しくコンテンツのコンテクストを踏まえたものであるならば、それが諸外国でも通用する可能性は大いにある。

極論すれば、日本でやっていることをそのまま外国に持っていくだけで、通用するかもしれない。

受容者に届けば、愛は伝わる。

これはゲームに限らず、あらゆるコンテンツ、ブランドに応用可能だと思う。

## 上海のゲームイベント　国籍を越えた大宴会

２０１９年の年末、世界中でコロナウィルスが猛威を振るい出す直前に、筆者は上海で開かれたゲームイベントWeplayの視察に同行した。

日本国内で長らく人気を誇る「東方Project」の原作者のＺＵＮさんに同行して、彼が登壇する「東方Project」のステージイベントを見学するというエキサイティングな内容だった。

まず、驚いたのは上海の会場に集まった中国人ファンたちの反応だった。人数もさることながら、熱狂の度合いが半端ないのだ。そして、その反応や口々に発する言葉は（ほとんど理解できなかったが）日本のファンと本質的に全く同じであると感じた。

公安の介入により、何度か閉鎖・散会を命じられたイベントステージだったが、無事終了した（公安が介入して解散を命じられる、と言うと日本人としてはよほどのことだと感じてしまうが、中国人としては日常茶飯事であり、大騒ぎすることではない、というのを同行していた中国人から教えてもらい、なんとも面白いと感じたものだ）。

イベント終了後、中国人、台湾人、韓国人、日本人が入り乱れる大宴会（打ち上げ）に参加させてもらった。１５０人くらいはいただろうか。その宴会場で、様々な言語で語られるコンテンツへの愛。白酒を酌み交わし、お互い何を言っているのかほとんどわからないながらも、友情を確認することができた。

ひとつのコンテンツをめぐる愛や情熱というのを、身をもって体験することができた。

コンテンツへの愛、それを通じた友情は国境を越えて成立し得る。

この体験がきっかけとなって、２０２０年という年は積極的に海外に出て、海外のゲームコンテンツ関係者との交流を徹底的に深めようと決意した。それはいずれ日本のゲームコンテンツにより強く貢献するきっかけを作ってくれるだろうし、何しろ上海での強烈な体験をもう一度味わいたかったからだ。

国境を越えてつながっていく愛と友情、そして情報のネットワークを構築したい、と本気で思っていた。いくつかのゲームイベントへの登壇の調整を開始した。わざわざそのためのスーツを仕立てた。

しかし、コロナウィルスが猛威をふるい、海外への物理的進出の芽は絶たれることになってしまう。あらゆるイベントが中止になり、２０２０年中の海外渡航の予定はすべてキャンセルとなった。

仕立て上がった新品のスーツを眺めながら、形容しがたい絶望を感じていた。

## 実証実験としての INDIE Live Expo

そんな中、筆者の会社（株式会社リュウズオフィス）はインディゲーム（独立系ゲーム／Independent game の略）界隈の国際的なオンラインイベントを開催した。

２０２０年６月６日に実施した、INDIE Live Expo というイベントだ。これは本書で述べたことの実証実験の一つでもある。日本語・中国語・英語で同時に配信されるライブストリーミングイベントである。

個人あるいは少人数の開発チームで作られることが多いインディゲームは、これまで本書で述べてきたゲーム産業とは、また違った性質を持つ。

基本的には小規模な資本で制作・発表されるため、宣伝予算をほとんど持たない。コロナウィルスの影響で次々とイベントが中止されてしまったが、その影響を大きく受けたのが、インディゲーム界隈であった。

彼らに対して何か貢献することはできないか（そして、上海で味わった興奮を、再び味わうことはできないだろうか）と考えて企画したのが、INDIE Live Expo であった。

情報発表後、中国を中心に多数の配信プラットフォームからの問い合わせやゲームメーカーからの問い合わせが殺到し、日本語・英語・中国語でのやりとりが入り乱れた。１回目の実施につき、細かいところまで手が回らなかったのは事実であり、反省も大いにある。

しかし、合計で７３０万の視聴を達成し、Twitter トレンド1位（国内）にもなった。日本発のライブストリーミングの視聴数としては、おそらく最大規模と言えるだろう。

このイベントは日本語・英語・中国語のメディアに取り上げられただけでなく、フランス語・スペイン語・ロシア語等のニュースサイトでも取り上げられ、世界中で１００を超えるメディアに取り上げられることになった。国内では同月内に業界雑誌（『週刊ファミ通』）で取り上げられ、ＢＳフジからの取材もあった（翌月の番組で放送され、著者が出演した）。ライブストリーミングの施策としては大成功に終わったと思っている。多くの企業に賛同いただき、協賛までいただだいたのは望外の喜びでもあった。

これは本書で書いたステップを一つ一つ実施していった結果に過ぎない。その結果、国を越え、コンテンツを届けることができた。

改めて言いたいのは、コンテンツへの愛は国境を越える、ということだ。

あなたに愛があるのであれば、それは国境を越えて、より多くの人に届く余地がある、ということだ。

# おわりに

## この仕事を始めた理由

「はじめに」で述べたように、もともとなぜこの仕事を始めたかというと、父が残した借金を返すため、つまりは「生きるため」だった。

ゲームのプロモーションに携わる、マーケターとしての父は、優秀だったと思う。「ファイナルファンタジーⅠ」「ファミコンジャンプ」「ストリートファイターⅡ」といった、数多くの作品のプロモーションを手掛けた。著者自身、コンテンツをプロモーションする考え方の基盤を学ぶことができたのは父のおかげだ。また、ゲームのマーケティング、プロモーションの歴史を継承できたとも思っている。

父は、自分の会社を構え、従業員を雇っていた。小学生の頃は、自分の父親が社長をやっている、というのは子供心に誇らしかった。

だが、残念ながら父は、経営能力には乏しかった。景気が良さそうに見えたのは一瞬だけで、バブル景気が弾けた途端、借金だけが残った。

筆者の初仕事は、父の会社の残務整理と、収支のバランスをなんとか取り戻すことだった。余計な出費をカットしつつも、生きていかねばならないので仕事を続けていく算段をつける。もう父を含めて二人しかスタッフがいないのに、広大なオフィスが借りたままになっていた。

真っ先にオフィスを解約し、自宅での作業の体制を整えた。世の中ではブロードバンドの普及が進み、家庭向けの光回線も普及し始めていた頃だった。父は、ワープロしか使えなかったので、強引にパソコンを導入し、インターネットは無理やり光回線を引いた。当時の出費としては大きく、筆者のアルバイト代を費用にあてた。

借金の内訳は、自宅を担保にした高利の不動産ローン、そしてもっと高利の（現代では違法の）消費者金融。消費者金融の借金のたちが悪いのは、延滞利息だ。最大で年利40％以上の金利にまでなるから、真っ先に消費者金融の借金を返済しなければならない。しかし、毎月の収入より返済額のほうが多かったので、少なくとも延滞利息をとられないように返済スケジュールを組んだ。

父の経営していた会社（法人）は、もはやどうしようもなかったので、事実上休眠状態とし、筆者自身が個人事業を立ち上げた。

膨大な借金をどうにか返しつつも、ギリギリ生活するだけのお金を手元に残す。

個人事業で当然利益は上がるのだが、その税金すら払えない。税務署から納税の催促が来た際は事情を説明し、必ず支払うことを約束した上で寛大な処置を嘆願した。幸い、なんとかなった。

大学に進学した際の奨学金のローンもあったが、これは延滞利息をとられても金利は大したことなかったので放置することにした（しばらくしてから、一括返済した）。

と、当時の状況について隠さず書いてみた。

一番最初の仕事の動機は「生存」。これに尽きる。

## ＲＰＧを自作した学生時代

とは言え、ゲームそのものは大好きだった。

小学生の時は父の仕事の関係もあり、発売前のファミコンソフトが山と積まれていた。ファミコンからスーパーファミコンの時代に、１０００タイトル近く遊んだと思う。

おそらく金銭的な余裕はなかったと思うのだが、両親は私立中学受験をゆるしてくれた。進学した中学校は、当時としては、コンピュータ教育に力を入れている特殊な学校で、自分だけのパソコンを持つことができた。そこでプログラミング言語を勉強して自分でＲＰＧを作ったりしてみた。開発には半年くらいかかったと記憶しているが、学年の友人たちが１００人くらいは遊んでくれた。まだインターネットもなく、フロッピーディスクでゲームをコピーして配っていたのを覚えている。友人たちに「面白いから続編作って」と言われたのが強い励みになった。


しかし、続編は１年経ち、２年経っても完成しなかった。

開発規模を大きくしすぎたこと。

その上、複数人で作ろうとしたのが失敗の原因だったと思う。

他人と動機を共有するのはなかなか難しいと、初めて感じた瞬間だった。明確な挫折だった。しかも、自分に期待するファン（？）の期待を裏切っての、挫折だった。


中高一貫の進学校ではあったが、今考えても相当に自由な学校で、在学中はやりたいことしかやってなかった。集団作業の難しさを知った筆者は、その後、自分一人で進められる小説の執筆にハマる。中学から、高校にかけての3年間で何度か小説の大賞に応募するも、二次選考や佳作どまりで大賞を受賞することはできなかった。要するに、そこまでの才能はなかったのだと思う。再び挫折を経験することになった。

しかし、今考えてみれば、大量のテキストをひたすら毎日書くという訓練を10代のうちにできたのはよかったと思っている。少なくとも、文章を書くことに心理的な抵抗はなくなった。

受験勉強を始めたのは高校3年生の夏頃から。受験勉強を始めた後も、パソコンゲームのCivilization IIを遊んでいた時間のほうが明らかに長かったと思う（ちなみに今もCivilizationシリーズは大好きだ）。

なんとか大学に滑り込んだ後は、大学の講義に出席するよりも塾講師のアルバイトに精を出していたが、その頃、父の会社は相当に傾いており（ほぼ潰れかけており）、スタッフもおらず、自然と仕事を手伝うようになっていった。

## 人生を賭けている人が見当たらなかった

仕事の手伝いとしてＤＶＤパッケージの紹介文やら、チラシのコピーやらをやっていたと思う。

ただ、自分自身熱中することができたのは、ゲームの仕事だった。

一番最初にゲーム市場のデータ分析をやらせてもらったのは、良い経験になった。

大量のデータを分析し、テキストを書きまくる。これは良い修業になった。

実際にゲーム業界での仕事を体験してみて、広告代理店やゲームメーカーの担当者などとの会議に同席するにつれ、筆者の中では覚悟が固まるとともに、勝機のようなものが見えてきた。

本気で勝負をしている人がそれほど多いように見えなかったのだ。

別の言い方をすると、ゲーム市場のマーケティングに人生を賭けている人が見当たらなかったのだ。

人生を賭ければ、この業界で、なんらか足跡を残すことができるのではないか。そう思った。

ゲームづくりに挫折し、小説も形にならず、父の会社はつぶれかけで、どうやら自宅（実家）も差し押さえ間近。しかも、就職は超氷河期と言われていた時代だ。

家を出て、実家と縁をきって、普通にサラリーマンとして暮らす道がないわけでもなかったかもしれない。実家は困窮するだろうが、少なくとも自分自身は（豊かではないにせよ）気楽な人生を送れるだろう。塾講師のアルバイトも調子は良かったし（サラリーマンの初任給以上は稼いでいたし）、適当に生きていくこともできるような気はしていた。

悩んだ結果、大学四年次に父の仕事を手伝うことを決めた。退路を断つため大学も、辞めることにした。

それから先は、脇目も振らず働いてきた。

参加した会社の消滅、顧客の会社の消滅、色々なことがあった。

父と二人で始めたはずだったが、程なくして父は病気で離脱してしまった。

仕事を始めて、4、5年目くらいのタイミングだったと思う。師匠としての父に頭は上がらなかった。その師匠が突然倒れたのだ。すべてを自分でなんとかしなければならない。今考えれば、覚醒をするのに良いタイミングではあった。

大型のタイトルのプロモーションの受注をかけて、複数の広告代理店が参加するコンペに、とある広告代理店の下請けプランナーとして参画した。結果としてそれに勝利し、且つ結果を出し、メーカーの信頼を得ることができた。

## 初めての「伝え方」の実践

メインのプランナーとして、プロモーションの全体像を設計し、提案する。しかも、メーカーがこれまでやっていたやり方を完全に変えて、手法を完全に変えてみようという提案だった。

今考えると、筆者はプロモーションではなく、ユーザー・コミュニケーションの提案をしていた。

本書で述べる「伝え方」の実践であった。

２００６年当時、一般家庭におけるインターネットの普及率は72%に達していたが、少なくともゲーム業界、それもコンシューマゲームカテゴリにおいて、インターネットを積極的に活用しようという機運は見られなかった。

筆者は中学生の時に初めて、「ウルティマオンライン」というゲームでインターネットというものに触れ、インターネットの可能性について確信していた。

今では考えられない話だが、その当時のコンシューマゲーム業界におけるプロモーションというのは、ゲーム専門の雑誌に記事を載せるか、予算があればＴＶＣＭを打つ、あるいはゲームの見本市に出展する。これ以外に実効的な手段がほとんどない、とされていたのだ。

もちろん、ゲームタイトルの公式サイトと呼ばれるＷＥＢページは作成し、公開されていた。ただ、それはＷＥＢ上のチラシに過ぎないとされており、インターネットを用いてユーザーと対話する、ということは全く考慮されていないと言ってよかった。

２０１９年、インターネットの広告がＴＶＣＭ広告費を上回ったという発表がなされたが、当時は、そんなことは全く想像もつかない人が大半だったに違いない。

ともかく筆者は、ユーザーとの対話を試みた。対話を通し、ユーザーを熱狂させ、結果として当初予想していた以上の結果が出た。

もちろん、ゲームタイトルそのものに魅力があったことは否定できない。しかし、少なくともその魅力をユーザーに発見してもらい、予想していたより多くのユーザーが熱狂してくれたことは事実である。

そういう経験ができたタイトルだった。

**初めて仕事で感動して泣いた日**

父が離脱した後、妻と出会い、結婚した。以後は、妻と二人三脚でやることになった。妻は大手の税理士法人で働いていたが、僕の我がままで退職してもらい、僕のために働いてもらうことにした。

妻と結婚した直後に、縁あって、社員数100人くらいのベンチャー企業に取締役として招かれることになった。「JRPG宣言」の実例として挙げた、イメージエポックという会社だ。

死にものぐるいで働き、一番最初の自社の発表会（考えてみたら、ゲーム会社の発表会で、初めて「生放送」を大々的に活用した事例だったと思う）を成功させた時の感動は忘れられない。社長やメンバーと抱き合い喜んだ。仕事で（感動して）泣いたのは初めてだった。

結果として、パブリッシングの初年度はうまくいった。震災があった年だった。

その後、あこがれていたゲーム開発に手を出してみたところ、全くうまくいかなかった。

ゲーム開発は、誰からも感謝されず、誰も喜ばせることができなかった（もちろん、遊んでくれたユーザーはいた。サービスを継続することができず、遊んでくれたユーザーすら裏切ってしまった）。

その後、在籍していたメンバー全員の前で頭を下げ、取締役を辞任した。


失意のまま会社を去った後、なんのために働いているのか、一瞬、わからない時があった。

その時、その理由に気づかせてくれたのは、「Fate/Grand Order」を開発、運営するディライトワークス株式会社代表取締役社長・庄司顕仁さんだった。

ベンチャー企業とは言え、１００人超のメンバーがいる企業の取締役になっても、「経営」や「会社」について真正面から考えたことはそれまで正直なかった。職能において貢献はしていたという自負はあるが、会社や経営の責任は、当時の社長が一身に負っていた。

大きな会社の経営に携わる人から直接教えをもらう機会を得たのは良いきっかけになった。

また、なぜこの仕事をしているのかについて、徹底的に問い詰められたのもよかった。


**なぜ働いているのか？**

当初の動機、「生存」は気づいたら達成してしまっていた。迫りくる返済期限に追いつかれないように、全力で走り続けた結果、もう何も追いかけてこなくなっていた（完済していた)。

お金を儲けたいから、ではなかった。個人が消費できるお金には限度がある。少なくとも、筆者の物質的欲求を満たすのは、簡単だった。

大きな会社を作りたい、でもなかった。そもそも大きな会社、というのはやるべきことがあって必要に応じて大きくなるもので、会社の規模自体が目的にはなり得ない。

ゲームを作りたい、でもなかった。実際に作ってみて、そこには地獄のような苦しみしかなかった。

しかし、ゲームは好きだ。

自分は、ゲームにまつわる仕事の、何に惹かれているのだろうか。

自問自答した結果、答えは出た。

自分自身がやりたいことは、優れたゲームの作り手の想いを、世の中に正しく届けることだ、と明確に意識した。

そこから第二の人生が始まった。

それまでフリーランスを貫いていたが人生の節目となり、仲間を募って働くようになった。

提供サービスのクオリティを上げるために、自分ではできないことができるスタッフを雇用するようになった。
仲間が集まり、会社も回り、いくつか、大きな貢献もできた。何か大きな勝負はしないのか、と問われたこともあった。しかし、自分自身がやりたくないことには、一切手を出すべきではないと決めていた。

## 「ゲームを世に伝える」という面白くも難解なゲーム

おそらく、自分自身はこの仕事を、ゲームを遊ぶ感覚で楽しんでいる。根底には、「ゲームを世に伝えること自体が、とても難しく、面白いゲームである」という感覚がある。クリアが難しいゲームである。完全なクリアなどない。多分それが、自分的には楽しいのだろう。

今でも、何のために働いているのかは、節目節目に考える。小さな会社ではあるが、それなりの結果は出せた。「この先、どうしよう」を本書執筆中に（実に5年ぶりくらいに）考える機会があった。

改めて答えが出たので、本書の最後に、言葉にしておきたいと思う。

僕は、挑戦をする人の味方であり、奉仕者だ。

崖から落ちても死なない人、死ぬことを恐れない人と、一緒に飛び降りる人。

幸い、最近は崖から飛び降りても死ぬことはない。

2ちゃんねるを作ったひろゆきさんと酒を飲む機会があった。筆者がやっている仕事について かなり細かい質問を受けた。幸い、筆者の携わったタイトルの多くを、彼は遊んでくれていたので話は早かった。

「主体性のないクソ野郎(笑)」

というのが長々筆者の話をきいた後、ひろゆきさんが下した評価だった。なぜ事業主体とならず他人の手伝いばかりやるのか、という彼なりの皮肉だ。

しかし、仕事をしている理由、について語った後、ひろゆきさんは評価を変えてくれた。

「ゲーム理論に則ったクレバーな行動をする人」

たしかにそのとおりかもしれない。

僕は主体性のある人に主体的に奉仕をする。

どんな形であれ、挑戦する人を全力で応援し、役立つ人間でありたい。

作り手の手伝いをし、あるいは天才が望む状況に近づけ、彼らに喜んでもらえるのは楽しい。天才の思い描く世界を形にするのは楽しい。ユーザーに伝わる瞬間も楽しい。国を越えて伝わる。伝わるのは楽しい。

やるからにはせめて全力を尽くし、最高の結果を出せるように日々精進したい。

## 小沼竜太（こぬまりゅうた）

1980年生まれ。ユーザー・コミュニケーションプランナー。株式会社リュウズオフィス代表取締役。大学在学中よりフリーランス活動を経て、2008年、ゲームメーカー向けに特化したマーケティング・ソリューションを提供する株式会社リュウズオフィスを設立。“ゲームの宣伝屋”として「ペルソナ」「真・女神転生」シリーズや、「Fate/Grand Order」など、数多くのゲームタイトルのプロモーションに携わる。'20年にはインディ（独立系）ゲームの国際的オンラインイベント「INDIE Live Expo 2020」を成功させ、100以上に及ぶ世界各国のメディアに取り上げられ話題に。

伝《つた》え方《かた》は「順番《じゅんばん》」がすべて　分単位《ふんたんい》のコミュニケーションが心《こころ》を動《うご》かす

---

2020年9月30日初版1刷発行

著　者 ── 小沼竜太
発行者 ── 田邉浩司
装　幀 ── アラン・チャン
印刷所 ── 萩原印刷
製本所 ── ナショナル製本
発行所 ── 株式会社光文社
東京都文京区音羽1-16-6（〒112-8011）
https://www.kobunsha.com/
電　話 ── 編集部03（5395）8289　書籍販売部03（5395）8116
業務部03（5395）8125
メール ── sinsyo@kobunsha.com

---



---

落丁本・乱丁本は業務部へご連絡くだされば、お取替えいたします。
 ISBN 978-4-334-04493-0

# 光文社新書

1086

## 伝え方は「順番」がすべて
### 分単位のコミュニケーションが心を動かす

小沼竜太

圧倒的人気を誇るスマホ向けＲＰＧ「Fate/Grand Order」（通称ＦＧＯ）ほか、数々の人気ゲームのプロモーションに携わる〝ゲームの宣伝屋〟が初めて明かす「伝え方」の極意。

978-4-334-04493-0

1087

## 恋愛学で読みとく　文豪の恋

森川友義

名だたる文豪たちが小説に描いた恋ははたして妥当なものなのか。恋愛学を提唱する著者が科学的に分析し、考察する。従来の文学研究にとらわれない、知的なエンターテインメント！

978-4-334-04494-7

1088

## 正義を振りかざす「極端な人」の正体

山口真一

ＳＮＳでの誹謗中傷、自粛警察、不謹慎狩り、悪質クレーマー——奴らは何者か？「炎上はマスメディアが生み出す」「ＳＮＳは世論を反映しない」等、データ分析から分かった真実。

978-4-334-04495-4

1089

## 太田和彦のふらり旅　新・居酒屋百選
### 名酒放浪編

太田和彦

ＢＳ11の人気番組が1冊に！　北は札幌から南は五島まで日本全国19の街の65軒を紹介。本書片手に旅するも良し、読んで思いを馳せるのもまた良し。写真満載のオールカラー版。

978-4-334-04496-1

1090

## 宇宙に行くことは地球を知ること
### 「宇宙新時代」を生きる

野口聡一　矢野顕子
取材・文　林公代

誰もが宇宙に行ける日が近づいている——。民間による「宇宙旅行時代の幕開け」という歴史的転換点を迎えた今、宇宙飛行士とミュージシャンが宇宙体験からスペースXまでを語る。

978-4-334-04497-8